Explorando los
LUGARES CELESTIALES

*ENCICLOPEDIA DE
DISCERNIMIENTO
PARA LA CREACIÓN ESPIRITUAL
DE DIOS*

VOLUMEN 7

POR

Paul L Cox

Barbara Kain Parker

EXPLORANDO LOS LUGARES CELESTIALES, VOLUMEN 7
Enciclopedia de Discernimiento para la Creación Espiritual de Dios

Por Paul L. Cox y Barbara Kain Parker

Aslan's Place Publications
9315 Sagebrush Street
Apple Valley, CA 92308
760-810-0990
www.aslansplace.com

Todos los derechos reservados. Ninguna parte de este libro puede ser reproducida o transmitida de ninguna manera ni por ningún medio electrónico o mecánico, incluyendo fotocopias, grabación o por cualquier sistema de almacenamiento y recuperación de información sin el permiso escrito de los autores, salvo lo dispuesto por las leyes de derecho de los Estados Unidos de América. La reproducción no autorizada es una violación a las leyes federales y espirituales.

A menos que se indique lo contrario, las escrituras se toman de: **Nueva Traducción Viviente (NTV)**, Nueva Traducción Viviente®. Derechos de Autor © 1982 por Thomas Nelson. Usada con Permiso. Todos los Derechos Reservados.

Escrituras Tomadas de la SANTA BIBLIA, NUEVA TRADUCCIÓN VIVIENTE ®. Derechos de Autor © 1973, 1978, 1984 por Sociedad Bíblica Internacional. Usada con permiso de Zondervan. Todos los Derechos Reservados.

Derechos de Autor 2017, por Paul L. Cox y Barbara Kain Parker
Todos los Derechos Reservados.
Edición: Barbara Kain Parker
Ilustraciones: Jana Green
Traducción al español: Alma Arellano www.trans4nations.com
Traducción y edición al español: Silvana Mercado
www.trans4natiosns.com
Diseño de Cubierta: Brodie Schmidtke
ISBN # 978-1-5136-3351-0
Impreso en los Estados Unidos de América

RECONOCIMIENTOS

Con gratitud queremos agradecer las contribuciones de algunos amigos especiales: Jana Green, Rob Gross, Larry Pearson, Tobias Renken y Brodie Schmidtke. Todos ellos han desempeñado un papel importante en nuestros viajes de exploración para definir y discernir las increíbles creaciones de Dios en los lugares celestiales.

Jana Green, es una artista talentosa, ministro de oración, intercesora profética y es la ilustradora de los dibujos de discernimiento en este libro. Ella también ha compartido su discernimiento personal y ha proporcionado la representación gráfica del Apéndice 1. El sitio web de Jana es: www.signsandwondersstudio.com

Rob Gross, Pastor de Mountain View Community Church en Kanahoe, Hawái, ha contribuido con el Prefacio como así también con sus observaciones del discernimiento. Rob es también el coautor de *Explorando los Lugares Celestiales Volumen 2* y el autor del *Volumen 6*.

Tobias Renken y Larry Pearson han compartido sus observaciones personales del discernimiento. Tobias es un amigo de muchos años y profeta intercesor de Aslan's Place que vive en Alemania y participa regularmente en los webinars. Larry es co-fundador de Lion Sword Solutions y muchas de sus palabras proféticas se pueden encontrar a lo largo de la serie de *Explorando los Lugares Celestiales*. Su página web es: http://lionsword.ca

Brodie Schmidtke, quien diseñó originalmente la portada para el *Volumen 1*, la adapta para cada libro de la serie.

¡Gracias a todos!
Paul Cox y Barbara Parker

TABLA DE CONTENIDOS

PREFACIO 5
INTRODUCCIÓN 7
USANDO ESTA GUÍA 11
GUÍA DE DISCERNIMIENTO 13
MAPEO DEL DISCERNIMIENTO 113
APÉNDICE 1: TABLA DE CATEGORÍAS 118
APÉNDICE 2: OBSERVACIONES DEL DISCERNIMIENTO
.... 123
APÉNDICE 3: SIETE OJOS DEL SEÑOR 125
APÉNDICE 4:   DISCERNIMIENTO DE LAS ENFERMEDADES 126

PREFACIO

Jesús hizo una vez una declaración desconcertante: *"Pero tú debes ser perfecto, así como tu Padre en el cielo es perfecto"*[1] Sólo catorce palabras, pero ¿qué estaba diciendo Él? Creo que se estaba refiriendo al punto en el tiempo cuando la Iglesia se volvería madura como Su Padre. Esto plantea otra pregunta, ¿Qué es la madurez? El *Diccionario Webster* la define como 'la condición de estar plenamente desarrollado'. La palabra griega para perfecto es el adjetivo, *'teleios'*, derivado de la palabra *'telos'*, que significa *'meta consumada'*. En otras palabras, la madurez es el resultado de pasar por las etapas necesarias para alcanzar la meta final o el cumplimiento del proceso necesario del viaje espiritual de uno. La raíz *tel* significa *'llegar al final'*. Es como el telescopio de un pirata, extendiéndose una etapa a la vez, para funcionar en su plena capacidad y efectividad. Una imagen bíblica de cómo se ve esa fuerza y efectividad es el relato de que Jesús sanó a un hombre instantáneamente, alguien que había estado paralizado durante 38 años:

> *Después Jesús regresó a Jerusalén para la celebración de uno de los días sagrados de los judíos. Dentro de la ciudad, cerca de la puerta de las Ovejas, se encontraba el estanque de Betesda, que tenía cinco pórticos cubiertos. Una multitud de enfermos —ciegos, cojos, paralíticos— estaban tendidos en los pórticos. Uno de ellos era un hombre que hacía treinta y ocho años que estaba enfermo. Cuando Jesús lo vio y supo qué hacía tanto que padecía la enfermedad, le preguntó: — ¿Te gustaría recuperar la salud? Es que no puedo, señor —contestó el enfermo—, porque no tengo a nadie que me meta en el estanque cuando se agita el agua. Siempre alguien llega antes que yo. Jesús le dijo: — ¡Ponte de pie, toma tu camilla y anda! ¡Al instante, el hombre quedó sano! Enrolló la camilla, ¡y comenzó a caminar! Pero ese milagro sucedió el día de descanso, así que los líderes judíos protestaron. Le dijeron al hombre que había sido sanado: — ¡No puedes trabajar el día de descanso! ¡La ley no te permite cargar esa camilla! Entonces Jesús explicó: "Les digo la verdad, el Hijo no puede hacer nada por su propia cuenta; solo hace lo que ve que el Padre hace. Todo lo que hace el Padre, también lo hace el Hijo, pues el Padre ama al Hijo y le muestra todo lo que hace. De hecho, el Padre le mostrará cómo hacer cosas más trascendentes que el sanar a ese hombre. Entonces ustedes quedarán realmente asombrados"*[2]

Entre todos los que se habían reunido en el estanque de Betesda aquel día ¿por qué Jesús escogió a este hombre? Sus palabras fueron muy claras - Él solo hacía lo que veía a su Padre hacer y quería unirse a ese proceso. Pero ¿qué tiene eso que ver con nuestra madurez, y por qué Dios quiere que seamos perfectos? Es simple, es para que reconozcamos, como lo hizo Jesús, las intenciones de nuestro Padre y podamos cooperar con Él para alcanzar Sus propósitos. Cuando nos volvamos hijos e hijas maduros, sabremos lo que el Padre está haciendo y seremos capaces de realizar las mayores obras que Él prometió.[3] Esta madurez cristiana está ligada al don espiritual del discernimiento:

> *Pues toda la creación espera con anhelo el día futuro en que Dios revelará quiénes son verdaderamente sus hijos.* [4]

> *El alimento sólido es para los que son maduros, los que a fuerza de práctica están capacitados para distinguir entre lo bueno y lo malo.* [5]

Explorando los Lugares Celestiales, Volumen 7: Enciclopedia del Discernimiento Espiritual de la Creación de Dios es un libro imprescindible porque explica claramente cómo podemos entender lo que el Padre está iniciando en los lugares celestiales a través del discernimiento de Su realidad espiritual. No puedo pensar en un mejor recurso que usted pueda adquirir, para ayudarle a aprender a asociarse con el Padre y liberar el reino de Dios donde quiera que usted se encuentre. Creo que Paul L. Cox y Barbara Kain Parker han recopilado un libro, completado con ilustraciones de Jana Green, que un día será considerado un clásico.

Rob Gross
Mountain View Community Church

---

[1] Mateo 5:48 NTV
[2] Juan 5:1-3, 5-10, 19-20 NTV
[3] Juan 14:12
[4] Romanos 8:19
[5] Hebreos 5:14

INTRODUCCIÓN

Escribimos *Explorando los Lugares Celestiales*, pero ¿qué significa eso en realidad? Un vistazo rápido a algunas definiciones del diccionario[1] de 'explorar' que son muy ilustrativas al considerar la palabra en el contexto de la creación invisible de Dios. Explorar es investigar, estudiar o analizar; viajar en o a través de un país desconocido o un área, para aprender o familiarizarse con él; buscar recursos; investigar o discutir un tema en detalle, examinar o evaluar opciones o posibilidades y examinar a través del tacto. Por defecto, explorar tiene que ver con la búsqueda de lo desconocido, y ¿qué puede ser más desconocido desde nuestra perspectiva física que los misterios de Dios que existen en Sus lugares celestiales?

Nuestra exploración de los lugares celestiales es a través del discernimiento, que es la comprensión adquirida a través del uso de nuestros cinco sentidos. Diagramas o mapas de discernimiento, se incluyen en la Sección 2, que muestran donde ciertos individuos sienten cosas en sus cabezas. Pero, por favor, recuerden que nada es siempre así, y dependiendo de los dones individuales, la forma en que una persona discierne puede que no sea idéntica a otra, y una sensación puede ocurrir en cualquier parte del cuerpo de uno. De hecho, el discernimiento puede no ser un sentimiento en absoluto, pero puede ser una visión, un sonido, un olor o un sabor que alerta a un individuo de manifestaciones en los lugares celestiales.

> *El alimento sólido es para los que son maduros, los que a fuerza de práctica están capacitados para* **distinguir** *entre lo bueno y lo malo.*[2]

Rob Gross ofrece una buena analogía. En la escuela de vuelo, los pilotos aspirantes son enseñados en un simulador de vuelo, a notar lo que pasa con sus cuerpos en un ambiente privado de oxígeno. Ellos están entrenados para ser conscientes de lo que está pasando con sus cuerpos en el caso de que algo pudiera ocurrir en un vuelo real. De forma similar, el Señor nos capacita para discernir o sentir el bien y el mal en nuestros cuerpos, para que sepamos lo que está sucediendo en el reino espiritual y podemos responder a lo que el Padre está haciendo.

Debe señalarse que hay un montón de pruebas bíblicas, para apoyar el discernimiento con los cinco sentidos, sólo algunas de los cuales se pueden ofrecer aquí.[3]

*Luego el Señor le dijo a Moisés: "Extiende tu mano hacia el cielo, y la tierra de Egipto quedará en una oscuridad tan densa que podrá **palparse**"*[4]

*¿Hay iniquidad en mi lengua? ¿Acaso no puede mi **paladar** discernir las cosas inicuas?*[5]

*Vivan una vida llena de amor, siguiendo el ejemplo de Cristo. Él nos amó y se ofreció a sí mismo como sacrificio por nosotros, como **aroma** agradable a Dios.*[6]

*Entonces **oí** una voz humana que exclamaba desde el río Ulai: "Gabriel, dile a este hombre el significado de su visión".*[7]

*...se abrieron los cielos y tuve **visiones** de Dios.*[8]

*Al instante, la hemorragia se detuvo, y ella pudo **sentir** en su cuerpo que había sido sanada de su terrible condición.*[9]

*Así que me acerqué al ángel y le dije que me diera el pequeño rollo. Él me dijo: "Sí, tómalo y cómelo. Será dulce como la miel en tu **boca**, ¡pero se volverá amargo en tu estómago!"*[10]

*Por el momento, tengo todo lo que necesito, ¡y aún más! Estoy bien abastecido con las ofrendas que ustedes me enviaron por medio de Epafrodito. Son un sacrificio de **olor** fragante aceptable y agradable a Dios.*[11]

Era el día del Señor, y yo estaba adorando en el Espíritu. De repente, oí detrás de mí una fuerte voz, como un toque de trompeta...[12]

Pero Esteban, lleno del Espíritu Santo, fijó la mirada en el cielo, y vio la gloria de Dios y vio a Jesús de pie en el lugar de honor, a la derecha de Dios. Y les dijo: "¡Miren, veo los cielos abiertos y al Hijo del Hombre de pie en el lugar de honor, a la derecha de Dios!"[13]

> *Saulo cayó al suelo y oyó una voz que le decía: "¡Saulo, Saulo! ¿Por qué me persigues? ... Los hombres que estaban con Saulo se quedaron mudos, porque oían el sonido de una voz, ¡pero no veían a nadie!* [14]

A medida que consideramos nuestro próximo tema en estas series, nos dimos cuenta de que podía ser sabio desarrollar un manual de referencia, ya que muchos de nuestros lectores pueden ser nuevos en el concepto de discernir lo que no vemos. Otros pueden estar familiarizados con la creencia común entre muchos cristianos de que cada ser bíblico es simplemente un tipo diferente de ángel; pero nosotros identificamos ángeles como ángeles, querubines como querubines, ancianos como ancianos, poderes como poderes, y así sucesivamente en la lista.

Además, es importante darse cuenta de que cada cosa creada en los lugares celestiales está viva; nada está muerto o inanimado como lo es en la tierra, así que lo que podríamos considerar inanimado aquí, es muy diferente allí.

Nuestra oración para nuestros lectores es la misma que ofreció el apóstol Pablo para los Filipenses:

> *Le pido a Dios que el amor de ustedes desborde cada vez más y que sigan creciendo en conocimiento y entendimiento. Quiero que entiendan lo que realmente importa, a fin de que lleven una vida pura e intachable hasta el día que Cristo vuelva. Que estén siempre llenos del fruto de la salvación —es decir, el carácter justo que Jesucristo produce en su vida— porque esto traerá mucha gloria y alabanza a Dios.* [15]

---

[1] http://www.merriam-webster.com/dictionary/explore
http://www.oxforddictionaries.com/us/definition/american_english/explore
[2] Hebreos 5:14
[3] Efesios 1:20-21; Filipenses 2:9-10; 2 Tesalonicenses 1:7; Hebreos 1 y 2; Juan 1:1-3; Salmos 104:4
[4] Éxodo 10:21

[5] Job 6:30 RV1960
[6] Efesios 5:2
[7] Daniel 8:16
[8] Ezequiel 1:1
[9] Marcos 5:29
[10] Apocalipsis 10:9
[11] Filipenses 4:18
[12] Apocalipsis 1:10
[13] Hechos 7:55-56
[14] Hechos 9:4, 7
[15] Filipenses 1:9-11

USANDO ESTA GUÍA

Hemos categorizado cada entrada como Dios, Ser, Entidad o Lugar siempre que sea posible, con algunas entradas compartiendo más de una categoría. Excepto en el caso del 'Mal Predeterminado', que describe el discernimiento del mal, sólo las entradas justas están incluidas en la guía. El apéndice 2 ofrece información adicional sobre el discernimiento del mal, los objetos y otras cosas que no están aquí.

Las categorías no son absolutas, pero son ofrecidas como una forma de ayudar a aumentar el entendimiento y están diferenciadas como:

1. **Dios** es el Creador de todo lo que existe. Conocido por muchos nombres y descripciones a través de la Biblia, Él nos ha permitido comenzar a discernirlo en algunos de Sus diversos roles.
2. Los **seres** tienen autodeterminación y movimiento; pueden procesar información y actuar sobre ella.
3. Las **entidades** son más estáticas y funcionan según un propósito prescrito. A veces pueden ser utilizados o manipulados por un ser; pueden responder a una orden, como cuando Jesús le habló a la higuera; o incluso pueden moverse o hablar, como lo hacen los elementos de la creación que declaran la gloria de Dios.[2] Un buen ejemplo en el reino físico sería un árbol vivo y en crecimiento, las raíces cavando hacia abajo para encontrar el alimento, mientras que las ramas se elevan con dirección al sol, funcionando de acuerdo con el diseño perfecto de Dios.
4. Los **lugares** son ubicaciones dimensionales. Son sinónimos de dominios o esferas, que podrían compararse a ejemplos físicos tales como casas, ciudades, países, océanos, etc. (Nota: los dominios pueden ser seres o lugares).

Tenga en cuenta lo siguiente:
1. La Biblia es la fuente final de la verdad y no basamos nuestro discernimiento en los lugares celestiales en material externo a la biblia, y todo lo que discernimos debe ser probado con la Biblia.

2. Cristo está por encima de toda la creación. Toda cosa creada que discernimos está sujeta a Él.³
3. Operando a través de la revelación progresiva sobre lo que dice la Biblia, puede cambiar nuestros puntos de vista mientras que se va desarrollando un nuevo entendimiento.
4. El discernimiento no es una habilidad, sino un don espiritual de Dios. No podemos percibir verdaderamente lo sobrenatural por nuestra propia cuenta.

Sugerencias útiles para utilizar este libro:
1. Siempre que sea posible, cada entrada está descripta bajo los encabezados de categoría, historia, definición, escrituras clave, características, funciones, observaciones y discernimiento. No todas las categorías están disponibles para cada entrada.
2. El número entre paréntesis seguido a una entrada indica dónde se encontrará en el mapa de discernimiento.
3. El discernimiento de Paul (y de otros) se ha ampliado hasta el punto en que cosas diferentes pueden ser sentidas en el mismo lugar y/o de la misma manera, en cuyo caso él menciona la palabra específica (ej. tubos de oro) y recibe un 'golpe' (aumento de la presión) que le permite saber cuál es.
4. Cuando se indica izquierda o derecha: Pueden indicar el lado de la madre (izquierda) o el lado del padre (derecha). Algunos creen que la izquierda indica con lo que uno nace y la derecha por lo que debería tener fe.
5. En cuanto a las listas de dones espirituales, cada uno parece tener una porción masculina y otra femenina.
6. Recuerde que su propio discernimiento puede ser o no igual al que se describe.

[1] Marcos 11
[2] Salmo 19:1-4
[3] Juan 1:3; Colosenses 1:16

GUÍA DE DISCERNIMIENTO

ALTURA (43)

Categoría: Ser, Lugar (Dominio)
Historia: Discernido por primera vez el 26 de mayo del 2010
Definición: griego: *húpsos*, 'altura', 'elevación'[58]
Escritura clave: Efesios 3:18
Características: lugar de gobierno y reino
Observaciones: ha sido visto como un ser enorme
Discernimiento:

- Paul: Mitad hacia la parte posterior de su cabeza, generalmente con una palabra de conocimiento, 'altura' cuando estoy muy concentrado en la altura
- Rob: Discierne un cambio dimensional y pregunta dónde
- Tobias: Ve el color amarillo, y como en un gráfico, pero con mucha más sustancia que una línea

ANCHURA (105)

Categoría: Entidad, Ser
Historia: Discernido por primera vez el 12 de julio del 2010
Definición: griego: *plátos*, 'amplio alcance', figurativamente, las grandes extensiones de la tierra, la anchura [130]
Escrituras clave: Efesios 3:18
Características: El lugar de la fe, la esperanza y el amor; la anchura caída contendría la desesperación; un lugar del corazón
Observaciones: se ha observado como un ser enorme
Discernimiento:

- Paul: Como una pared que rodea la parte superior de su cabeza, pero la mayoría de las veces recibe una palabra de conocimiento en lugar del discernimiento
- Jana: Lo siente con la mano
- Rob: Siente cambios dimensionales y pregunta dónde

- Tobias: Ve el color verde militar, como en un gráfico, pero con mucha más sustancia que una línea

ANCIANO (23)

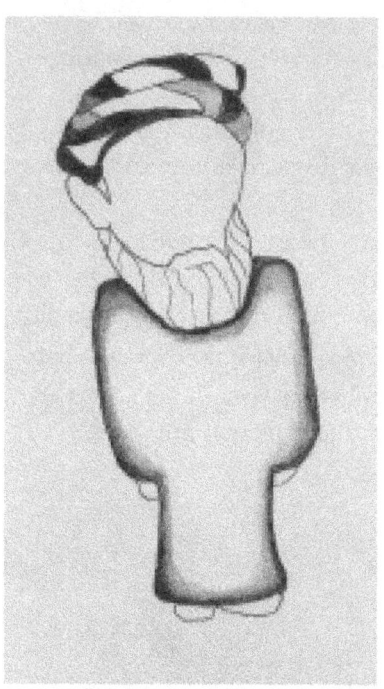

Categoría: Ser
Historia: Discernido por primera vez en el 2003
Definición: griego: *presbuteros* (pres-boo 'ter-os); comparativo de *presbus* (anciano); 'mayor'; como sustantivo, 'una persona mayor'; específicamente, un Israelí sanedrí (también en sentido figurado, miembro del consejo celestial) o un 'presbítero' cristiano: NTV 'anciano' (-est), viejo [33]
Escrituras clave: Apocalipsis 4:10, 5:5-14, 7:11, 7:13, 11:16, 14:3, 19:4
Características:
- 24 están ubicados alrededor del trono de Dios
- También, 24 aparecen en diferentes niveles alrededor de matrimonios, familias, iglesias, ciudades, estados, etc.
- Algunos ven la aparición de ancianos malvados similares a duendes o gnomos

- Los ancianos personales fuera de alineación pueden tener que ver con la confusión de género
- Parece haber ambos ancianos y ancianas alrededor del trono

Funciones:
- Alabanza
- A menudo, son los que tocan a una persona en un lugar de su cuerpo donde deben orar por la sanidad de otros
- Parece influenciar el ADN y el ARN

Discernimiento:
- Paul: Parte trasera, lado izquierdo de la cabeza
- Jana: Siente un toque en el lado izquierdo de la cabeza o de la cara
- Rob: Lo siente en la parte posterior, lado izquierdo de la cabeza justo arriba del cuello
- Larry: Lo sabe en el espíritu y preguntando qué está presente
- Tobias: Mira lo que parecen personas pequeñas con barba, tanto hombres como mujeres

ANCIANO DE DÍAS (1)

Categoría: Dios
Historia: Discernido por primera en el 2009
Definición: hebreo: *attîq*, 'anciano' (de días), usado sólo con respecto a Dios en Daniel 7. [1]
Escrituras Clave: Daniel 7: 9, 13, 22

Características: A menudo es discernido en el contexto de ser llevado a la corte del Anciano de Días.
Observaciones:
- Implica regla, juicio, poder, imparte información
- Tiene que ver con gobernar y reinar, y unidad con Dios

Discernimiento:
- Paul: Siente una unción en toda la parte superior de la cabeza
- Jana: Ve libros antiguos abiertos
- Rob: Siente una sensación en toda la cabeza desde el frente hacia atrás
- Larry: Ve un libro; tiene una sensación de algo antiguo
- Tobias: Siente poder en la parte superior, en la parte posterior de la cabeza, como si un gran cable eléctrico estuviera conectado con una corriente fuerte; ve lo que ocurre en la corte; un observador y un participante; tiene que alcanzar un cierto grado de unidad y rendirse con el Señor.

ÁNGEL (2) - VER TAMBIÉN: ÁNGEL DEL SEÑOR, ÁNGEL DEL IRRUMPIMIENTO, ÁNGEL DEL ARCO IRIS, ÁNGEL ESMERALDA, LENGUAS DE ÁNGELES, ARCÁNGEL, MIGUEL, GABRIEL

Categoría: Ser
Historia: Discernido por primera vez en 1992
Definición: hebreo: *malak,* 'ángel'; griego: *aggelos,* 'ángel', 'mensajero'; generalmente un mensajero (sobrenatural) de Dios, un ángel que

transmite noticias o mandatos de parte de Dios a los hombres [2]
Escrituras clave: Debido al gran número de escrituras con respecto a los ángeles, las referencias están ordenadas por temas.
Características:
- Hay más de 300 referencias directas a los ángeles en la Biblia
- Organizados y enumerados por millares y legiones, innumerables, militaristas (Hebreos 12:22; Apocalipsis 5:11; Mateo 26:53; Apocalipsis 12:7-9)
- Masculino o femenino en naturaleza (Zacarías 5:9)
- Creados antes que la Tierra (Salmo 104:1-5)
- Creados para nosotros (Hebreos 1:14)
- Seres celestiales (Lucas 2: 13-15, 22:43; Mateo 18:10, 22:30, 24:36, 22:43)
- Pertenecen a Dios (Lucas 12:8-9, 15:10; Mateo 16:27, 24:31)
- Inferior a Jesús (Hebreos 1:4, 5,8)
- Seres espirituales (Hebreos 1:14)
- Limitados en conocimiento (Mateo 24:36)
- Como el viento o el fuego (Salmo 104:4; Hebreos 1:7; Apocalipsis 10:1, 14:18)
- A veces se pueden ver, tienen la libertad de aparecerse (2 Reyes 6:16-17; Lucas 1:11-13, 26-29)
- Hacen un sonido específico (Apocalipsis 10:3; 1 Corintios 13:1; Lucas 2:13-14; Apocalipsis 5:13)
- Curiosos (1 Pedro 1:12)
- A veces necesitan ayuda (Daniel 10:13)
- Gastan energía (Apocalipsis 12:7)
- Apariencia juvenil (Marcos 15:15)
- Poderosos (2 Pedro 2:11; Hechos 12:7-11; Mateo 28:2; Marcos 16:3-5)
- Gobernados por Dios (Génesis 18:2)
- Caminan como hombres (Génesis 18:2, 18:16, 19:1)
- Inmortales (Marcos 12:25; Lucas 20:34-36)
- Honestos (Apocalipsis 19:9; Gálatas 3:19)

Funciones:
- Entregar mensajes e instrucciones especiales (Salmos 103:20; Lucas 1, 2; Daniel 8, 12:4; Isaías 44:26; Hechos 8:26-27)

- Poner las leyes en vigencia (Hechos 7:53, Gálatas 3:19)
- Guerreros (Salmo 34:7; 78:49; 103:19-20; Apocalipsis 9:14-15, 15:1, 15:6, 20:1-3)
- Proteger (Salmo 34:7; Daniel 6:19-22)
- Rescatar (Daniel 3:24-25; Hechos 12:11; Génesis 19: 15-17, 16:7-9, Éxodo 23:20-21; Números 22:22-35; 2 Reyes 1:15; Mateo 2:13, 26:53; Hechos 10: 3-33; Lucas 22:43)
- Profetizar, enseñar y animar (Lucas 1:11-13; 2: 9-12; Mateo 28:1-7; Hechos 27:20-26; Apocalipsis 14:6-7)
- Visitarnos (Hebreos 13:2)
- Servir a Dios (Apocalipsis 19:10; 22:8-9)
- Adorar (Mateo 18:10; Salmo 103:20-22; 148:1-3; Hebreos 1:6)
- Llevarnos al cielo (Lucas 16:22)
- Castigar a los enemigos de Dios (Hechos 12:23; Génesis 19:1,12-13)
- Controlar elementos de la naturaleza (Apocalipsis 7:1, 16:8-9)
- Ministrar, dar dirección (Apocalipsis 10:1-10)
- Viajar a través de portales (Génesis 28:12-13; Juan 1:51)
- Aparecerse en sueños (Génesis 31:10-13; Mateo 1:20-25, 2:13)
- Regocijarse (Lucas 15:10)
- Observarnos (1 Corintios 4:9, 11:10; 1 Timoteo 3:16, 5:21, Lucas 12: 8-9)
- Poner el sello de Dios en las frentes (Apocalipsis 7:3-4)
- Guardarnos (Salmo 91:11-12; Mateo 18:10; Hechos 12:13-16)
- Realizar grandes tareas (Hebreos 1:7, 14)
- Ver a Jesús (1 Timoteo 3:16)

Observaciones:
- Cuando la gente muere, no se convierte en ángeles
- Los ángeles no viven dentro de las personas
- Los ángeles no se ganan sus alas
- No hay evidencias de que Dios esté creando más ángeles
- Los ángeles no se casan (Mateo 22:30)
- Los ángeles no son omnipresentes (Daniel 9:21-23)

- Satanás trató de persuadir a Jesús para que pidiera ayuda a los ángeles (Mateo 4: 6)
- Los ángeles no son mediadores (Apocalipsis 1:1, 22:6, 22:16; 1 Timoteo 2: 5)
- No debemos permitir que los ángeles reemplacen o estén antes que Dios en nuestras vidas (Salmo 42:1; Colosenses 2:18; Romanos 1:25: Apocalipsis 19:10; 22:8-9; Gálatas 1:8)
- No debemos adorar ni orar a los ángeles (Apocalipsis 22:8-9)
- No hay ejemplos en las escrituras de personas que le piden a Dios que envíe ángeles o de personas convocando y comandando ángeles
- Aunque hay ejemplos bíblicos de charlas con ángeles (María), debe usarse extrema precaución; probablemente no es aconsejable hablar con ángeles a menos que tenga un sentido muy claro de parte del Señor
- No creemos que el término 'ángeles' incluya a todos los seres espirituales justos.

Discernimiento: A menudo se sienten en un área específica de la cabeza; también se puede sentir un hormigueo, calor o una pesadez en el aire con la mano; varios ángeles se pueden discernir según el nombre o la función.
- Paul: En la mitad izquierda de la cabeza, a alrededor de 2 pulgadas del lado izquierdo
- Jana: Varía con el tipo de ángel, el ángel mensajero se siente como si ella estuviera adentro con una presión en el lado derecho superior de la cabeza
- Rob: Lado izquierda de la cabeza
- Larry: Los siente en la habitación; puede variar con los diferentes tipos; principalmente lo sabe
- Tobias: Los ve

ÁNGEL DEL ARCO IRIS (77) - VER TAMBIÉN ÁNGEL
Categoría: Ser
Historia: Discernido por primera vez el 9 de Noviembre del 2013
Definición: griego: *iris* (como la palabra en inglés 'iris', la flor) describe el arco iris visto en la visión celestial
Escrituras clave: Apocalipsis 10

Características: Los siete colores parecen ser siete entradas a las dimensiones.

Funciones: El ángel del arco iris llevó un pequeño libro que parece contener ecuaciones e información sobre el ADN y ARN

Discernimiento:
- Paul: Arco en el centro de la cabeza de derecha a izquierda
- Jana: Ve el arco iris; siente el arco sobre la cabeza
- Rob: Un arco sobre la cabeza; también una sensación en el lado izquierdo del cuello
- Larry: Gran poder y pregunta qué está presente

ÁNGEL DE IRRUMPIMIENTO Y/O UNCIÓN DE ROMPIMIENTO (11) - VER TAMBIÉN: ÁNGEL

Categoría: Ser
Historia: Discernido por primera vez, en 2008
Escrituras clave: 2 Samuel 5:19-21
Observaciones: Pueden llevar la unción de rompimiento
Discernimiento:
- Paul: Igual que las puertas, pero a medio camino de en medio en los lados de la parte superior de la cabeza (al igual que los tronos y las ventanas); también una sensación de tracción en la parte inferior de los pies.
- Jana: Presión en la frente entre los ojos; presión en la espalda
- Rob: Como dos puntos equidistantes en la parte posterior del cuello
- Larry: Los sentidos siendo consumidos por un ser
- Tobias: Lo siente en los hombros como un empujón de aire que viene en olas

ÁNGEL DEL SEÑOR (3) - VER TAMBIÉN: ÁNGEL

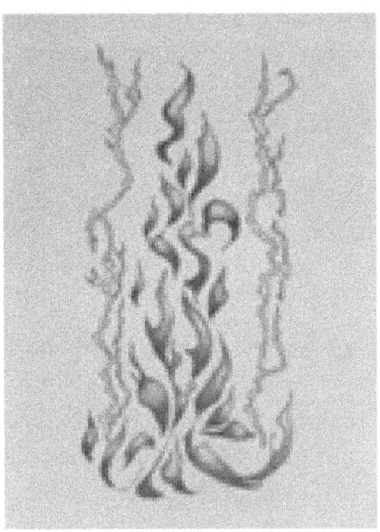

Categoría: Ser
Historia: Discernido por primera vez, a principios del 2000, cuando apareció el horno
Definición: La *Biblia de Estudio NVI* hace notar en Génesis 16:8, Puesto que el ángel del Señor habla de parte de Dios en primera persona (v.10), se dice que Agar le puso nombre al Señor que le habló: "Tú eres el Dios que me ve" (v.13), el ángel parece ser ambos, distinguirse del Señor (en que se le llama 'mensajero' - el hebreo para 'ángel' significa 'mensajero') e identificarse con él. La interpretación tradicional ha sostenido que este 'ángel' era una manifestación pre-encarnada de Cristo como el Mensajero Siervo de Dios. Puede ser, sin embargo, que como mensajero personal del Señor, que lo representó y llevaba sus credenciales, el ángel podía hablar en nombre de (y ser identificado con) aquel que lo envió. Si este 'ángel' era la segunda persona de la Trinidad, sigue siendo incierto.
Escrituras Clave: Génesis 16:7-13, 18:22-33, 31:11-13, 22:11-18, 32:24-32, 48:15-16 (RVR1960); Éxodo 3:2,4,6-8,14, 13:21-22, 14-19, 32:34 –33:3,14-17; Josué 5:13-15; Jueces 2:1, 6:11-13, 13:1-21; 2 Samuel 24:15-17; 1 Crónicas 21:1, 14:15, 21:18, 24-29; 2 Reyes 19:35; Salmo 34; Isaías 37:36; Zacarías 1:12-13, 3:1-7; Mateo 24:44-51, 25:32-42, 26:28, 28:19-20; Lucas 4:16-19; Juan 1:14,18, 9:35-38, 16:1-4, 17:6; Hechos 12:21-23; Romanos 11:25-26, 15:18-19; Efesios 1:7; Colosenses 2:9; Hebreos 2:14-15,13:5, 9:15; 1 Juan 2:1-2; Apocalipsis

5:5, 6:1-17

Características: Ubicados en el Altar de Bronce cerca de la entrada al Tabernáculo; pueden ser asistentes personales del Señor (ver Génesis 18)

Funciones: Revelación; poner en marcha; liberación; protección; intercesión; defender; confirmación del pacto; reconfortar; juicio; llamando a la fe y al compromiso; provisión y custodia; representante de la presencia de Dios; asociación con la nube de la gloria; líder celestial del ejército de Dios.

Observaciones:
- Puede estar ligado a la Columna de Fuego; quizás involucrado en el ministerio con el Señor Jesús
- Algo sobre juntarse con los tronos (los ángeles también); los tronos son una fuente de poder para ellos; mientras viajan deja tronos; tronos en lugares asignados; ellos son una fuente de energía
- Puede aparecer como hombre o como mujer
- Pueden ser hasta tres Ángeles del Señor

Discernimiento:
- Paul: Como un fuego ardiente en la cabeza, donde se sienten ángeles
- Jana: Lo siente como si fuera grande y en el exterior, con presión sobre la cabeza y una atmósfera de fuego subiendo; ve mucha luz
- Rob: Parte superior de la frente en el lado derecho
- Larry: Calor en el lado izquierdo del cuello
- Tobias: Siente como un movimiento hacia arriba; puede verlo.

ÁNIMO (28) - VER EXHORTACIÓN

APÓSTOL (OFICIO) (5)

Categoría: Ser
Historia: Discernido por primera vez a comienzos del 2000
Definición: En griego: *apostolos*, 'uno que es enviado' [4]
Escrituras clave: Efesios 4:11
Observaciones:

- El discernimiento puede ser un oficio apostólico o una función
- Estrategias apostólicas dadas
- Afecta el cerebro / corazón / cuerpo
- Se conecta con los ojos del Señor
- Unido a la autoridad sobre la creación
- Se alinea con la senda antigua y la biblioteca divina; puede ir a través de la senda a la biblioteca
- Puede tener lugar donde Dios construye la red apostólica
- La conexión con la tierra determina dónde usted tiene autoridad apostólica

Discernimiento:
- Paul: Presión en el pulgar derecho o izquierdo
- Jana: Pulgar derecho o izquierdo con presión en la cubierta de la uña.
- Rob: Pulgar derecho o izquierdo
- Larry: Pulgar derecho o izquierdo
- Tobias: Al igual que una batería; los hombros y la columna vertebral se juntan: siente poder en la cabeza; siente la senda antigua/ la biblioteca y lo apostólico

ÁRBOL DE LA VIDA (74) - VER PODER

ARCÁNGEL (5A) - VER TAMBIÉN: ÁNGEL, MIGUEL, GABRIEL

Categoría: Ser
Historia: Fue discernido por primera vez (Miguel), en 1996; Paul

comenzó a sentir que nuevos arcángeles fueron soltados a principios del 2017

Definición: En griego: *archanggelos*, 'ángel jefe,' el gobernante de los ángeles[5]

Escrituras clave: 1 Tesalonicenses 4:16; Judas 1:9, Daniel 8, 12:1

Observaciones:
- Diferentes arcángeles pueden discernirse individualmente (es decir, Gabriel, Miguel)
- Muy fuerte, como una roca
- Puede ser establecido o conectado a la roca

Discernimiento:
- Paul: A la izquierda de donde se sientan los ángeles
- Jana: Siente un arco sobre la cabeza con presión sobre los omóplatos, como si fuera una armadura o alas; en conjunción con un sonido profundo y lejano
- Larry: Siente la presencia de un ser grande y poderoso
- Tobias: Siente un zumbido ascendente; le recuerda a un águila en un escudo; se siente como la roca siendo establecida; se siente en el frente derecho de la cabeza

ARMADURA DE LUZ (6)

Categoría: Dios

Historia: En la noche del 11 de agosto del 2010, Paul escribió: "Anoche en la película *Salt* en Collingwood, Canadá, el poder de Dios cayó y la película se detuvo. Recibí las palabras, 'Su gloria radiante' (Hebreos 1:3). El poder de Dios permaneció sobre nosotros. Hoy por primera vez no sentí liberaciones mientras los estudiantes estaban ministrando. Sentí su gloria radiante durante todo el tiempo."

Definición: En griego: *hopion,* originalmente cualquier herramienta o implemento para preparar una cosa, su uso en plural se usó para 'armas de guerra'. Una vez en el NT es usada para armas reales, en Juan 18:3; en otros lados, de manera metafórica, de los miembros del cuerpo como instrumentos de injusticia y como instrumentos de justicia, Rom. 6:13; (b) la 'armadura' de luz, Rom. 13:12; la 'armadura' de justicia, 2 Cor. 6:7; las armas de la guerra cristiana, 2 Cor. 10:4[6] *ho phos,* 'de luz'. *Apaugasma,* 'radiante', 'un replandor' (*apo,* 'de', *auge,* 'brillo'), de una luz procedente de un cuerpo luminoso, se dice de Cristo en Heb. 1:3, (RVR1960), 'brillo', (RVR1960), 'refulgencia', es decir, resplandor (un significado más acertado que el brillo reflejado).[7]

Escrituras clave: Habacuc 3:4, Romanos 13:12 (armadura de luz), Hebreos 1:3 (gloria radiante)

Características: El Señor nos cubre con Su gloria radiante.

Funciones: Protección y un mayor poder de liberación; parecen estar conectada a los tronos

Observaciones:
- Principalmente la luz es una emanación luminosa, probablemente de fuerza, de ciertos cuerpos, que le permite al ojo discernir forma y color. La luz requiere un órgano adaptado para su recepción (Mateo 6:22). Donde el ojo está ausente, o donde se ha dañado por cualquier causa, la luz es inútil. El hombre, naturalmente, es incapaz de recibir luz espiritual en la medida en que carece de la capacidad para las cosas espirituales (1 Corintios 2:14). Por eso los creyentes son llamados 'hijos de luz' (Lucas 16:8), no sólo porque han recibido una revelación de Dios, sino porque en el Nuevo Nacimiento han recibido la capacidad espiritual para ello.[8]
- Cuando la armadura está correctamente ajustada, estamos correctamente conectados con Jesús, e indica cuán receptivos somos.

Discernimiento:
- Paul: Como un fuego rodante en la parte posterior de la cabeza
- Jana: Ve luz; siente presión sobre el hombro y los omóplatos

como alas; se siente como energía.
- Larry: Siente un gran poder, y pregunta qué es
- Tobias: Siente como un fuego que está rodando en la parte posterior de la cabeza; también se ve como una cubierta de luz; se siente como un cable siendo conectado; siente como dos paquetes de poder de dos tronos, más fuerte del lado derecho.

AUTORIDAD (NO SEA CONFUNDIDO CON AUTORIDADES) (8)

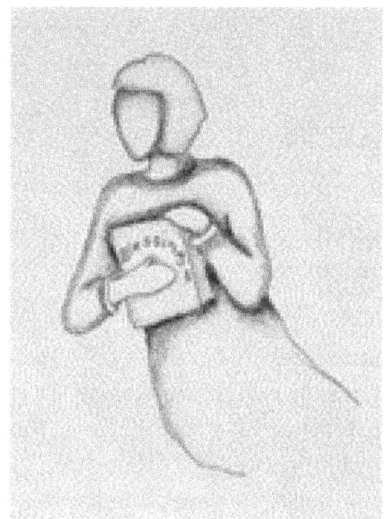

Categoría: Ser
Historia: Fue discernido por primera vez en 1993; una de las primeras cosas discernidas después del mal y de los ángeles; puso su mano derecha sobre el muslo derecho y le pidió al Señor por liberación.
Definición: En griego: *exousia*, 'autoridad'; del sentido de 'licencia o permiso' o la libertad de hacer lo que uno quiera, pasó de 'la capacidad o fuerza con la que uno es dotado', al 'poder de la autoridad', el derecho a ejercer el poder [13]
Escrituras clave: Lucas 10:19 NTV
Características: La autoridad que uno lleva que es dada por Dios
Observaciones: Asociada con los tronos
Discernimiento:

- Paul: Una intensa presión / unción en el muslo derecho
- Jana: Ve libros y estantes
- Larry: Sensación en el muslo izquierdo
- Tobias: Como un triángulo encima de los hombros

AUTORIDADES (NO SEA CONFUNDIDO CON AUTORIDAD) (7)

Categoría: Seres
Historia: Discernido por primera vez en el 2013.
Definición: En griego: *exousia*, significando poder, autoridad, peso, especialmente autoridad moral, influencia,[9] libertad de elección, derecho a actuar, o decidir; la habilidad de hacer algo, capacidad, fuerza, poder de indicar lo que debe hacerse,[10] el derecho legal de actuar y la posibilidad sin restricción o libertad de acción;[11] ejercer energía, fuerza; el poder de dominar o controlar la influencia sobre otros.[12]
Escrituras clave: Efesios 3:10,6:12; Colosenses 2:15; 1 Pedro 3:22.
Características: Ganar conocimiento de la sabiduría múltiple de Dios a través de los testigos de la iglesia; quizás justos o injustos.
Funciones: Involucrado en la guerra espiritual
Observaciones:
- Nosotros creemos que las autoridades justas acarrean bendición y las autoridades injustas maldición.
- Los videntes han dicho que las autoridades se ven como un cubo dentro de un cubo, dentro de un cubo, dentro de otro cubo.
- Puede ser contaminado debido al antisemitismo generacional
- Hay fractales que bajan a la línea generacional
- Necesitan ser sometidos a la autoridad correcta para discernir las autoridades
- Asociados con mantos
- Conectado a los tronos

Discernimiento:
- Paul: En la parte trasera de la cabeza
- Jana: Cosquilleo en ambos lados de la cabeza, como una efervescencia; también los ha visto acarreando un libro, rollo o tabla

- Rob: Presión en la parte trasera derecha de la cabeza (al igual que le Padre como Poder)
- Larry: Vibración en la panza y se pregunta qué es
- Tobias: Lo siente en el lado derecho de la frente; también en el muslo derecho hasta la rodilla.

BIBLIOTECA (55) - VER TAMBIÉN: LIBRO(S), LONGITUD, ANCHURA, ALTURA, PROFUNDIDAD, RELÁMPAGOS, PILAR

Categoría: Lugar
Historia: Sueños en 2005, 2006, 2010; discernido el 26 de septiembre del 2015; revelación en curso en el 2016
Definición: 'Biblioteca' no se encuentra en las Escrituras, por lo que la referencia es que cuando hay libros están contenidos en la biblioteca
Escrituras clave: Génesis 5:1; Éxodo 17:14, 32:33; Números 21:14; Esdras 4:15; Salmo 40:7, 69:28, 139:16; Isaías 29:11-12, 34:16; Daniel 7:10, 9:2, 12: 1-4; Malaquías 3:16; Filipenses 4:3; Hebreos 10:7; Apocalipsis 3:5, 5:1-9, 10: 2-10, 13:8, 17:8, 20:12-15, 21
Características:
- Visto en el espíritu como una biblioteca típica con estantes que contienen pergaminos y libros
- Hay pilares en la biblioteca
- Parece que los bibliotecarios son escribas

Funciones: un repositorio de todas las palabras, pensadas o habladas, por una persona
Observaciones:
- La biblioteca funciona como un repositorio de todo lo que se pensó y dijo no solo por una persona sino también por aquellos en la línea generacional
- Las palabras de aquellos en la línea generacional impactan a los individuos hoy
- Parece haber una biblioteca para cada persona, pero también hay bibliotecas generacionales y parece que una persona está conectada a las bibliotecas de los padres, abuelos, etc.
- Parecen contener el diseño original encontrado en el ADN y el ARN de cada persona
- Hay mapas en las bibliotecas.

- Todo el sistema de la bibliotecas es multidimensional
- El enemigo también parece tener bibliotecas de investigación para encontrar derechos para atacar a una persona, que contiene información basada en el Árbol del Conocimiento del Bien y del Mal.
- En muchas ocasiones, el Señor nos ha indicado pedirle a Él que destruya la biblioteca impía.
- Pueden ser diferentes bibliotecas en longitud, anchura, altura y profundidad
- Parecen ser bibliotecas legales
- Los relámpagos de Dios se han discernido en la biblioteca
- Hay una biblioteca única en el Monte de Sion con el YO SOY, y en el tribunal de la creación
- Parece haber un escriba (bibliotecario) en la biblioteca

Discernimiento:
- Paul: Como dos barras paralelas en cada lado en la parte superior de la cabeza, hasta la mitad trasera; al bibliotecario como dos barras paralelas a cada lado de la parte superior de la cabeza, en la mitad del frente
- Jana: Ve libros y estanterías
- Rob: En la mitad posterior de la cabeza
- Larry: Siente sendas debajo de los pies y pregunta qué está presente
- Tobias: Ve libros y estantes.

CABALLO (48)

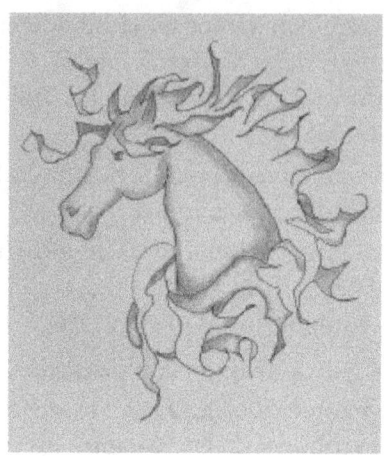

Categoría: Ser
Historia: Discernido por primera vez en septiembre 20, del 2011 en Gillette, WY
Definición: hebreo: *sus*, 'caballo'
Escrituras clave: Zacarías 1:7-17; Job 39:18-25
Características: Parece llevarnos dentro de las dimensiones a otros lugares dentro de esa dimensión
Discernimiento:
- Paul: Lo siente como unción por toda la cabeza
- Jana: Ve caballos
- Rob: Sensación galopante en la cabeza
- Larry: Sensación de galope; a veces los escucha
- Tobias: Los ve, a menudo pateando y con ganas de correr; a menudo siente su poder y fuerza; puede vernos a caballo.

CAMINO (71) - VER SENDA

CAMINOS DE SANTIDAD (44) - VER TAMBIÉN DOMINIO Y SENDAS

Categoría: Entidad
Historia: A principios de los 90's
Definición: hebreo: *derek*, 'camino', 'ruta'[59]
Escritura clave: Isaías 35:8

Observaciones:
- Los seres espirituales parecen viajar en estas líneas (caminos)
- En las intersecciones hay portales que entran a las dimensiones

Discernimiento:
- Paul: Líneas de la red (como en el papel cuadriculado), que las siente en el aire; las líneas contaminadas son líneas ley.
- Jana: Palabra de conocimiento; ve caminos y líneas; siente el camino como una unción que sube
- Larry: Lo siente en el aire
- Tobias: Ve como tubos por los que se puede viajar

CAPITÁN/PRÍNCIPE DEL EJÉRCITO (13) - VER TAMBIÉN: EJÉRCITO

Categoría: Ser
Historia: Las palabras sobre el Príncipe del Ejército comenzaron en el 2010; discernido por primera vez, en el 2012
Definición: Hebreo: *śar*, 'príncipe', 'gobernar', y *śûr*, 'tomar dominio sobre algo'[19] y *ṣĕbā'ôt*, 'ejércitos', como Capitán de los Ejércitos (ejército); la misma palabra que es usada para príncipe (i.e. Príncipe de Persia o Grecia en Daniel)
Escrituras clave: Josué 5:14-15
Características:
Nosotros creemos que el Príncipe del Ejército es un ser creado y no el Señor; ninguna indicación hay de que Josué lo adorara, sino que simplemente decía que él adoró.

Observaciones:
- Primero aparece en la conquista de Israel
- La aparición del Príncipe de los Ejércitos y de las huestes indica que la guerra se ha intensificado
- La intensificación de las huestes y del Príncipe del Ejército fueron discernidos después del 2012
- Muchos lo han visto y también creen que es un ser creado

Discernimiento:
- Paul: Lado derecho de la cabeza en un punto en el medio
- Jana: Presión en la parte posterior de la cabeza; puede escuchar cantar a las estrellas

- Rob: Presión en la parte superior de la cabeza en dos puntos distintos
- Larry: Lo sabe en el espíritu.
- Tobias: Lo ve vestido con emblemas de rango y discierne su autoridad (más clara y mejor definida que las huestes); también ve las huestes (parecen humanoides y hechos de luz) detrás de él; lo siente en el frente a la izquierda

CARRO(S) DE FUEGO (14)

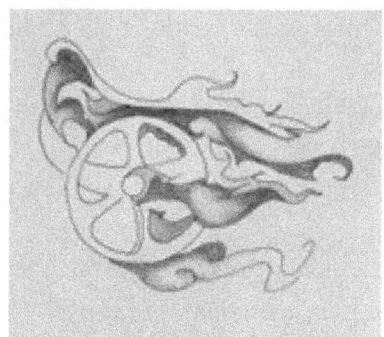

Categoría: Ser
Historia: La primera vez que fue discernido fue en julio 15 del 2016
Definición: hebreo: *kebeb*, 'carro'; '*esh*', se traduce como 'fuego' 373 veces, 'quemando' una vez, 'ardiente' una vez, 'flameante' una vez, y 'caliente' una vez.[21]
Escrituras clave: 2 Reyes 2:11, 6:17
Observaciones:
- La intercesión de Melquisedec puede agitar el fuego
- Un ministerio parece viajar en un carro
- Parece rescatar partes de TID (Trastorno de Identidad Disociativo)
- Parece estar asociado con el YO SOY.

Discernimiento:
- Paul: Como dos manchas efervescentes a cada lado de la parte media superior de la cabeza; también una sensación de caballos
- Jana: Ve las ruedas; siente el fuego moviéndose alrededor
- Larry: Vibración en el vientre y pregunta que está presente

- Tobias: Ve un fuego grande y denso en forma de carro; lo siente en el codo derecho, como si estuviera en medio de un arbusto ardiendo.

COLUMNA DE FUEGO (3) - VER ÁNGEL DEL SEÑOR Y HORNO

CONSEJO DEL SEÑOR (19)
Categoría: Lugar
Historia: Discernido por primera vez en el 2012
Definición: hebreo: *sod*, plan (es) secreto o confidencial (es); charla secreta o confidencia; secreto; consejo; reunión; circulo. [25]
Escrituras clave: 2 Crónicas 18:19-22, Salmos 89, Jeremías 23:18
Observaciones: Los tronos parecen rodear el consejo y las estrellas también están presentes
Discernimiento:
- Paul: Siente unción en la parte superior de la cabeza, y un golpe ligero con la palabra 'consejo'
- Jana: Consciente de un círculo; ve un color o colores que se relaciona con cierto consejo del Señor; también ve 7 espíritus de Dios
- Rob: Sensación que cubre la cabeza como una superposición de la parte de adelante hacia atrás
- Larry: Siente en el espíritu y pregunta que está presente
- Tobias: Ve como un asiento semicircular, como en un anfiteatro

CORDÓN DE PLATA (89)
Categoría: Entidad
Historia: Discernido por primera vez, probablemente alrededor del 2000
Definición: hebreo: *kesep*, plata como el metal; *hebel*, 'cordón', 'cuerda' [108]
Escrituras clave: Eclesiastés 12:6
Características: El cordón de plata está vinculado a lo que el psicólogo llama vinculación. El cordón de plata está ligado a la madre y al padre.

Observaciones:
- Paul: Una vez oro por un niño que nunca permitía que su madre lo abrazara y encontramos que su cordón de plata no estaba unido a su madre (es decir, que por alguna razón nunca se había unido a su madre). La madre pidió que su cordón de plata estuviera ligado a ella. Ella llamó más tarde y contó que su hijo se subió a su regazo y permaneció allí por más de 2 horas.
- Paul: Ha notado que los esposos y esposas a menudo tratan de agarrarse del cordón plateado de su cónyuge, tratando de sacarles vida (es decir, que su cónyuge satisfaga sus necesidades). Han habido resultados dramáticos cuando un cónyuge se arrepiente y le devuelve al Señor el cordón de plata de su esposo/a.
- Algunas veces, Paul siente que el cordón cuelga, lo que significa que el niño no está apegado a los padres; puede hacer que los padres recojan el cordón; a menudo ocurre cuando el niño no fue querido al principio

Discernimiento:
- Paul: Siente que el cordón se desprende del ombligo de una persona.
- Jana: Ve un cordón plateado
- Larry: Siente una cuerda delante de él o de otros

CROMOSOMA (16)

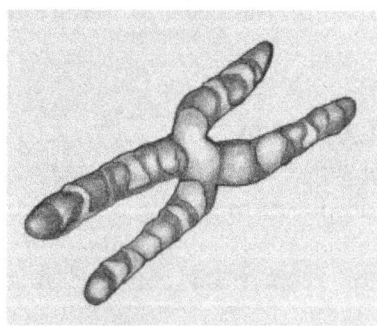

Categoría: Entidad
Historia: Discernido por primera vez el 22 de abril del 2016
Definición: 23 cromosomas componen el cariotipo o el ADN
Escrituras clave: Daniel 2:43

Características: El discernimiento del daño a los cromosomas indica que contienen el mal; cuando se aborda ese mal, viene la liberación de los cromosomas y los genes pueden ser discernidos.
Observaciones:
- Después de la oración para limpiar y restaurar la intención original de Dios, se han recibido testimonios que indican una mejora
- Parece ser una cadena de ADN tanto espiritual como física
- Conexiones con las estrellas y los tronos

Discernimiento:
- Paul: Dos puntos de presión en el centro superior de ambos lados de la cabeza; le pregunta al Señor si el asunto es del lado de la madre o del padre
- Jana: Siente la energía entre el primer dedo y el pulgar; ha visto una luz moverse en círculo
- Tobias: Lo ve; lo siente en la parte frontal del pecho y en la parte superior de la espalda.

CUENCO DE ORO (39)

Categoría: Entidad
Historia: Discernido por primera vez en el 2005
Definición: hebreo: *zahab*, (zaw-hawb'): oro;[55] griego: *gullah* (gool-law'): cuenco, tazón[56]
Escrituras clave: Eclesiastés 12:6, Zacarías 4:1-4
Características: Se encuentra encima del candelabro dorado, y es un receptáculo para el aceite dorado; las oraciones de los santos parecen estar en estos cuencos (Apocalipsis 5: 8) y la contaminación de las oraciones se puede discernir

Discernimiento:
- Paul: Como un cuenco circular en la cabeza; lo siente con las manos sobre otras personas
- Jana: Ve un cuenco de oro con una escritura hebrea que es transparente
- Larry: Lo siente como un cuenco en su cabeza
- Tobias: Ve como un cuenco dorado en la parte superior de la cabeza

CUERNOS (38) - VER GLORIA DE DIOS

DAR (DON ESPIRITUAL) (36)

Categoría: Ser
Historia: Discernido por primera vez a principios de los 90s.
Definición: griego: *metadíd* mi – dar [51]
Escrituras clave: Romanos 12: 8, Lucas 6:38
Discernimiento:
- Paul: Como un río con rápidos que fluyen a través de los codos de una persona y se perciben desde muy atrás hacia muy adelante
- Jana: Unción fluyendo de los antebrazos
- Rob: En el antebrazo

DOMINIO O MURO (34)

Categoría: Entidad, Lugar (la red es una extensión del dominio)
Historia: A principios de los 90s, Paul se encontró con una fuerza de maldad llamada dominio que le dijo que estaba sobre las cosas materiales; un mayor entendimiento comenzó el 21 de noviembre de 1996.
Definición: griego: *kuriotes* (koo-ree-ot'-ace), dominio (es decir, concretamente y colectivamente); poder o posición como señor;[28] autoridad suprema, soberanía, propiedad absoluta;[29] el derecho y el poder para gobernar o juzgar: autoridad, mando, control, dominio, dominar, propiedad, poder, influencia, fuerza, peso, mando, supremacía; antónimos: servilismo, servidumbre y debilidad; un área particular de actividad, estudio o interés: especialidad, campo, área, arena, bolsa (argot), bailía, departamento, derecho, dominio, órbita, recinto, provincia, reino, región, esfera, terreno, territorio y mundo; derecho legal a la posesión de una cosa: título, custodia, dominio, derecho, tutela, propiedad, posesión, propiedad, tenencia; un área de tierra sobre la cual se ejerce la regla: dominio, país, dominio, imperio, reino, tierra, provincia, esfera y territorio.[30]
Escrituras clave: Efesios 1:21; Judas 8; otras escrituras específicamente relacionadas a continuación.
Características: Se ha observado como una cobertura en toda la tierra; líneas ley.
Funciones:
- Estar a cargo de la red

- La red puede ser una extensión de dominio
- Parece estar alineado con los tronos.

Observaciones:
- Parece que una declaración de propiedad forma una conexión espiritual de maldad entre ese objeto y la persona; puede variar de un elemento pequeño a una gran masa terrestre; parece que la declaración personal de propiedad en esencia le otorga un parte de esa propiedad al enemigo (es decir, un lugar elevado, que forma una conexión espiritual impía, otras conexiones impías (es decir, las líneas de ley) pueden ser afectadas; el mal que está involucrado puede ser un dominio caído.
- Las conexiones espirituales entre una persona y sus posesiones pueden explicar cómo los psíquicos pueden encontrar a un individuo por medio de sostener una de sus posesiones; tal vez puedan ver las conexiones espirituales
- Las escrituras son claras de que todo pertenece al Señor (Job 41:11; Salmo 22: 27-28, 24: 1; 1 Corintios 10:26 y debemos gobernar sobre la creación en su nombre (Génesis 1: 26-28)
- Cuando pecamos, le entregamos al enemigo lo que le pertenece a Dios (Levítico 25:23)
- Los Caminos de Santidad parecen ser manejados por dominios justos y las líneas de ley son manejadas por dominios injustos

Discernimiento:
- Paul: siente algo así como una H en la parte superior de la cabeza como una red con vida
- Jana: ve la red; explora sintiendo líneas que se conectan
- Rob: siente un cambio dimensional en el costado de la nariz y pregunta adonde
- Larry: Siente el camino por debajo de los pies y pregunta qué está presente
- Tobias: Parece como una gran nave espacial y escucha un sonido como de metal retorciéndose; siente poder pasando por las piernas

DONES ESPIRITUALES - VER EXHORTACIÓN, DAR, SANIDAD, LÍDER, MISERICORDIA, PROFETA, MAESTRO

ESCUDO DE LA FE (88) - VER TAMBIÉN: FE
Categoría: Entidad
Historia: Discernido por primera vez el 17 de abril del 2016
Definición: griego: *thureos*, anteriormente significaba 'una piedra para cerrar la entrada de una cueva'; luego, 'un escudo', grande y oblongo, que protege cada parte del soldado; la palabra se usa metafóricamente para fe.[107]
Escrituras clave: Efesios 6:16
Discernimiento:
- Paul: Como muchas antenas saliendo de la parte trasera de la cabeza con la sensación de algo que parece una anémona de mar; también se siente como un campo de fuerza
- Jana: Siente un escudo frente a ella

ESCRIBA (83)

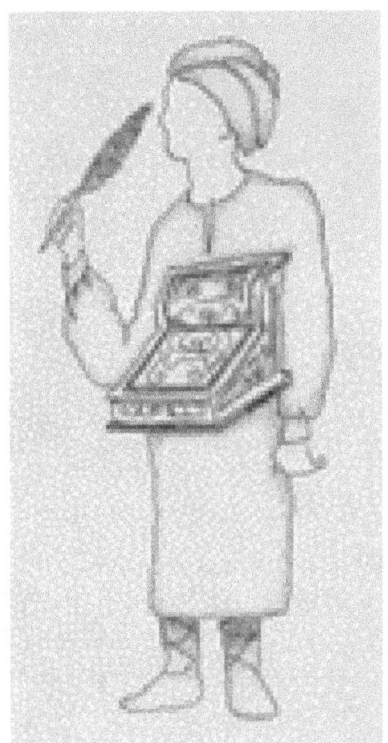

Categoría: Ser
Historia: Discernido por primera vez el 16 de septiembre de 2015, cuando se sintió la Biblioteca, y fue notado el 23 de noviembre del 2016, lo que inicialmente se pensó que era el bibliotecario era en realidad un escriba, que no solo registró sino que también escribió y manejó pergaminos y libros.
Definición: hebreo: *sopher*, 'escriba', 'aprendido' [103] Griego: *grammateus*, 'un escriba', 'un hombre de letras', 'un maestro de la ley' [104]

Escrituras clave: 2 Samuel 20:25; Esdras 4:9; Mateo 13:52
Observaciones: Escriba todo lo que se dice y se hace
Discernimiento:
- Paul: Mitad superior de la cabeza
- Jana: Ve un cuadro de escritura y una pluma; palabra de conocimiento en la biblioteca
- Larry: Ve un bolígrafo

EJÉRCITO (49)

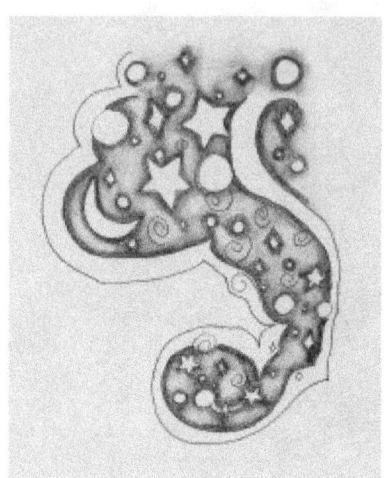

Categoría: Ser
Historia: Discernido por primera vez en el 2012
Definición: hebreo: ṣābā, 'pelea', 'servir', 'guerra', 'ejército'; ṣĕbā'ôt, 'ejércitos', 'ejércitos' (RSV y ASV son similares, ASV usa 'ejércitos' más a menudo, mientras que RSV usa 'ejército', 'servicio' o 'compañía', para 'Señor de los Ejércitos' ASV usa 'Jehová de los ejércitos' y NVI usa 'Señor Todopoderoso', note Ap. 4: 8) [62]
Escrituras clave: Éxodo 12:41; Deuteronomio 4:19; Josué 5:13-14; Salmo 24:10; Daniel 8:11-12
Características:
- 'Ejército' puede implicar singular o plural
- Parecen hechos de seres espirituales guerreros que parecen humanoides
- Ejército del cielo parece incluir el ejército, ejércitos angélicos, los guardianes, las estrellas, los santos, los poderosos, los santos muertos y vivos.

Discernimiento:
- Paul: Parte superior, mitad izquierda de la cabeza
- Jana: Escucha estrellas cantando; palabra de conocimiento
- Rob: Parte media, izquierda, superior de la cabeza

ESPÍRITU ELEMENTAL (24)
Categoría: Ser
Historia: Se sintió un profundo frío la primera vez que se discernió, a principios del 2000
Definición:
- Hebreo: *Stoicheia* (stoy-khi'-on): algo arreglado ordenadamente, es decir (por implicación) un constituyente (literalmente) en serie (basal, fundamental, inicial), proposición (figurativamente): Elementos básicos como letras del alfabeto o elementos básicos del universo -tierra, aire, fuego, agua. [34]
- Clinton Arnold - la interpretación de *stoicheia* como entidades espirituales personales es la idea más común; fue usada para los espíritus astrales en el 2do y el 3er siglo, "Te conjuro por los 12 *stocheia* del cielo y los 24 stoicheia del mundo para que me conduzcas a Hércules."
- *stoicheion* utilizado en plural, significa principalmente cualquier primer cosa, de la cual surgen otras en serie, o cuando un todo compuesto toma su lugar; la palabra denota "un elemento, primer principio" (de *stoichos*, "una fila, rango, series"); *stoicheia* refleja una visión helenística y judía común de que ciertas entidades cósmicas o poderes astrales se establecieron sobre los cuatro elementos, los planetas y las estrellas.[35]

Escrituras clave: Gálatas 4:3-5, 9; Colosenses 2:8, 20
Características: Seres espirituales detrás de los elementos en la tabla periódica
Funciones:
- Parece ser espiritualmente neutral.
- Parece que puede ser contaminado y luego afectar el funcionamiento normal de los elementos físicos en la tabla periódica.
- Parece que se conectan a la Gloria de Dios por medio de los gloriosos (*doxa*)

Observaciones: Tiene que ver con los principios básicos del mundo
Discernimiento:
- Paul: Parte superior, posterior del cuello
- Jana: Siente frío, como una nube circundante; hormigueo en

la parte trasera del cuello
- Rob: Siente como una línea en la parte posterior, superior de la cabeza
- Larry: Siente presión bajo los pies
- Tobias: Siente en la parte posterior de la cabeza como pequeños cubos moviéndose; por lo general se ven como pequeños cubos, a menudo con el nombre del elemento y/o ecuaciones matemáticas escritas en ellos

ESPÍRITU SANTO (PERSONA DEL ESPÍRITU SANTO) (46)

Categoría: Dios
Historia: Discernido por primera vez el 21 de diciembre del 2012
Definición: griego: *hagios pneuma*, 'Espíritu Santo'
Escrituras clave: Juan 14:17, 26; 15:26; 1 Corintios 2:10,11; 12:11
Discernimiento:
- Paul: Siente como una efervescencia en el lado izquierdo, superior de la cabeza
- Jana: Lo siente como la santidad con respiración y a una persona en el lado derecho o izquierdo
- Rob: Lo siente a la izquierda, atrás de la cabeza
- Larry: Siente una presencia poderosa alrededor
- Tobias: Lo siente en el cuadrante superior izquierdo de la espalda; puede sentirlo de pie frente a él; escucha como una voz sutil en la cabeza y un sentir en las emociones, casi como si alguien dentro dijera las palabras

ESTANQUE DE BETESDA (73)

Categoría: Entidad
Historia: Discernido por primera vez en el 2016
Definición: griego: *Bēthesdá*, 'cariño', 'misericordia'. Betesda significa casa de misericordia o corriente de agua. Un estanque en Jerusalén cerca de la puerta de las ovejas o mercado con un edificio alrededor o cerca para el alojamiento de los enfermos.[88]
Escritura clave: Juan 5: 2
Discernimiento:

- Paul: Una sensación efervescente (igual que los caballos) en toda la parte superior de la cabeza con un golpe cuando dice, "Estanque de Betesda"
- Larry: Lo sabe en el espíritu

ESTRELLA (93) - VER TAMBIÉN: MAZZAROTH, EJÉRCITO

Categoría: Ser
Historia: Discernido por primera vez el 3 de mayo del 2009
Definición: hebreo: *kôkāb*, 'estrella', griego: *aster*, 'una estrella'
Escrituras clave: Jueces 5:20; Job 22:12, 38:7; Salmo 148:3; Isaías 14:12-13; Amós 5:26; 2 Pedro 1:19; Ap. 2:28
Características:
- El discernimiento es de estrellas espirituales, no estrellas físicas
- Hay estrellas justas e impías.
- Las partes espirituales del ser humano se pueden unir (pegar) en estrellas impías, sistemas estelares, zodíacos, constelaciones y galaxias.
- Poderoso
- De alguna manera atada o asignada al hombre

Funciones:
- Guerra

- Las justas alaban a Dios
- Jesús es LA estrella de la mañana, pero también podemos tener estrellas matutinas asignadas a nosotros

Observaciones:
- A veces personalizado
- Puede ser identificado con los hijos de Dios que cantaron alabanza en la creación
- A través del discernimiento parecen estar posicionados en el Arca de la Alianza
- Parece posible que el enemigo quisiera exaltarse a sí mismo con poder sobre las estrellas porque son muy poderosos

Discernimiento:
- Paul: Parte superior izquierda de la cabeza
- Jana: Escucha el sonido; ve destellos
- Rob: Escucha chillidos agudos; puede sentirse en cualquier parte del cuerpo como una sensación caliente, ardiente
- Larry: Escucha sonidos

SOL DE JUSTICIA (94)

Categoría: Ser

Historia: La primera vez que Paul discernió el Sol de Justicia, pudo ver un gran ángel, de al menos 40 pies de altura, estaba presente y tenía una unción de sanidad.

Definición: hebreo: *šemeš*, 'sol' [113] *ṣĕdāqâ*, 'justicia', 'rectitud' [114]

Escritura clave: Malaquías 4:2

Características:
- Las palabras hebreas en Malaquías 4:2 son femeninas, no masculinas
- Parece ser mujer; asociada con la sanidad

Discernimiento:
- Paul: Parte superior de la mano (igual que la sanidad), y una efervescencia en el lado izquierdo de la cabeza donde se disciernen los ángeles y los serafines
- Jana: Siente alas en ambos lados del cuerpo
- Rob: Siente calor y presión en las manos, debajo de los dedos

ESTRELLA DE LA MAÑANA (93) - VER ESTRELLAS

ETERNIDAD (25): VEA TAMBIÉN, YO SOY, ZARZA ARDIENTE

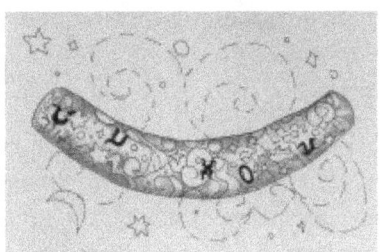

Categoría: Dios
Historia: Discernido por primera vez el 15 de julio del 2016, como la zarza ardiente y sabía que era el centro del Yo Soy. El 30 de septiembre de 2016 fue claro que era el YO SOY como así también la eternidad, cuando la zarza ardiente apareció al final de un curso y fue identificada como el centro del Yo Soy. Era como un fuego que rotaba fluyendo hacia adentro. El Shaddai estaba en el centro. La zarza parecía estar en el centro del Monte de Sion y parecía ser donde fue la transfiguración.
Definición: hebreo: *'olam*, 'eterno', 'eternidad'[36]; griego: *aion*, significa un período de duración indefinida.[37]
Escrituras clave: Eclesiastés 3:11; 2 Pedro 3:18
Características:
- Parece ser la ubicación del Monte de Sion
- Existe fuera del tiempo
- Conexión entre el cielo y la tierra
- Localizado en el corazón de Dios y en el corazón humano (físico, alma y espíritu)
- Jesús es la puerta dentro del Yo Soy

Discernimiento:
- Paul: Presión en forma de barra en medio de la cabeza de derecha a izquierda
- Jana: Palabra de conocimiento; ve la imagen de un horizonte; si es la zarza ardiente, ve el horizonte, y al entrar se siente como estar en medio del fuego; prueba esto con el nombre hebreo de Dios en medio, 'Elohim Gereb'
- Rob: Siente la barra horizontal en la parte superior de la cabeza
- Larry: Se siente encerrado dentro de un ser poderoso y tiene

que preguntar qué está presente
- Tobias: Ve la corriente de gloria dorada, como líneas de luz que salen del Señor; si es impío, ve un bucle cerrado, como el símbolo del infinito

EVANGELISTA (OFICIO) (26)

Categoría: Ser
Historia: Discernido por primera vez a principios del 2000
Definición: griego: *euangelistes,* 'un mensajero del bien, un predicador del evangelio' [38]
Escrituras clave: Efesios 4:11
Observaciones: El discernimiento puede representar el oficio o la función, y también puede representar el evangelismo.
Discernimiento:
- Paul: Siente presión sobre el dedo medio derecho o izquierdo
- Jana: Siente presión en el dedo medio; siente la unción subiendo de los pies de una persona como un río que fluye
- Rob: Siente presión en el dedo medio
- Larry: Siente presión en el dedo medio en ambos lados
- Tobias: Lo siente en el dedo medio izquierdo; ve y siente a un hombre parado en la parte superior de la cabeza con un embudo a su alrededor que tiene algo saliendo de él y con un bastón en la mano

EXHORTACIÓN O ÁNIMO (DON ESPIRITUAL) (28)

Categoría: Ser
Historia: Discernido por primera vez a comienzo de 1990
Definición: griego: *paraklesis,* 'llamado a estar al lado de uno'; por lo tanto, puede ser una exhortación, consuelo o a reconfortar [39]
Escrituras clave: Romanos 12:8; Hebreos 3:13
Discernimiento:
- Paul: Como un río que parece tener rápidos fluyendo de la boca de una persona, y discernido desde muy atrás hasta muy adelante
- Jana: Unción desde la boca como un río que fluye
- Rob: Sensación sobre la boca
- Larry: Temblor en la boca y tiene que preguntar qué está

presente, lo mismo que el águila/espíritu de profecía
- Tobias: Lo siente saliendo de la boca

FEMINEIDAD (30)
Categoría: Dios, Ser, Entidad, Lugar
Historia: Discernido por primera vez en el 2015
Definición: Hebreo: *nĕqēbâ*, 'femenino'; Griego: *thélus*, 'mujer' [41]
Escrituras clave: Génesis 1:27, Mateo 19: 4
Discernimiento:
- Paul: Al colocar la mano en el lado izquierdo del cuerpo, recibe un golpe diciendo "femenino"
- Tobias: Lo siente en el lado derecho del cerebro

FUEGO REFINADOR (78) - VER HORNO

FUERZAS ESPIRITUALES (92)
Categoría: Ser
Historia: Discernido por primera vez en el 2017
Definición: griego: *pneumatikov*, se puede traducir como viento, aliento, vida, alma, espíritu, espíritu de muerte, conjurador de los espíritus de la muerte, el difunto en la tumba; de maldad; *ponerias*, defecto, enfermedad física tanto en animales como en el hombre; es la práctica intencionada del mal; hebreo: la palabra significa estado pobre e inútil, maldad de los frutos, la fealdad y la naturaleza poco atractiva de los animales, mal humor, semblante triste, desagrado, desgracia, mal, días de desastre, malo, situación problemática que los hombres malvados se hacen unos a otros, de ahí en el sentido de la injuria y también la expresión de un disposición al mal, plan malvado propósito, malicia, individuos malvados, actos malvados, maldad de los malvados, altivez, violencia y dureza de corazón.
Escrituras clave: Efesios 6:12
Observaciones:
- Parecen ser inter-dimensionales
- Según el Dr. Tom Hawkins, "La palabra 'fuerzas' se agrega porque en inglés la idea es incompleta. La traducción 'mal espiritual' se usa porque en el contexto parecerían ser una especie de 'poder' o 'fuerza' con personalidad, no

simplemente un 'mal' cosmológico que de alguna manera impregna al mundo."
Discernimiento:
- Paul: Mitad de la parte superior de la cabeza como poder que irradia yendo hacia arriba (igual que los libros)
- Jana: Unción en la parte posterior que irradia hacia arriba

GABRIEL (33) - VER TAMBIÉN: ÁNGEL, ARCÁNGEL

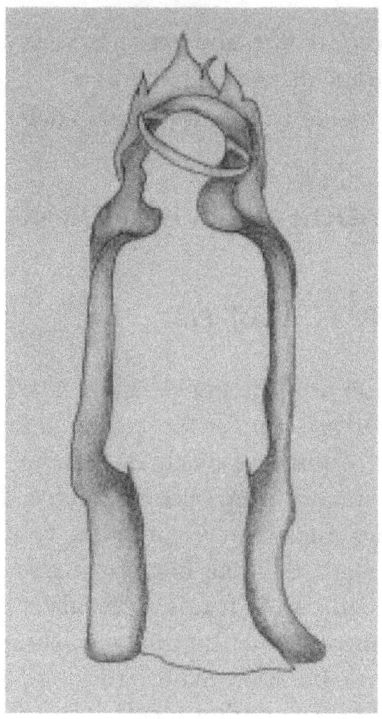

Categoría: Ser
Historia: La primera palabra fue en abril del 2004; discernido en Hayward, CA en el 2010
Definición: hebreo *Gabriel*[46] significa 'Dios es mi fortaleza' [47]
Escrituras clave: Daniel 8: 16-17, 9: 21-22; Lucas 1:19, 26-27, 34-35
Características: Arcángel; está en la presencia de Dios
Funciones:
- Mensajero - entregó mensajes a Daniel, Zacarías y María
- Hemos notado que a menudo lo acompaña a uno a las dimensiones

- Entrega e interpreta mensajes

Discernimiento:
- Paul: Dos puntos en la parte superior izquierda, lado izquierdo de la cabeza
- Jana: Se siente como si estuviera dentro, con una mayor presión sobre su cabeza que la de un ángel; físicamente lo siente como si toda la energía se hubiera ido de su cuerpo; le sigue mucha revelación
- Rob: Siente una sensación sobre la sien derecha
- Larry: Siente un ser poderoso y tiene que preguntar qué está presente
- Tobias: A menudo se siente primero como muy grande y fuerte, junto con un sentido de buen corazón; luego se ve en parte debido a su gran tamaño, y puede aparecer vestido de manera similar a un guerrero vikingo que quizás estaba volando con un brazo extendido como si atravesara algo.

GLORIA DE DIOS (38)

Categoría: Dios
Historia: Discernido por primera vez el 16 de mayo del 2015 en Irlanda; dos amigos vieron dos cuernos que sentían que estaban conectados a la red; primero se discernieron los cuernos el 22 de

octubre de 2016 mientras estaba en la costa norte de Oahu y se dieron cuenta de que era la Gloria de Dios

Definición: hebreo: *kabod*, gloria[53] griego: *doxa*, denota principalmente 'una opinión, estimación, reputación'; en el NT, siempre 'buena opinión, alabanza, honor, gloria, una apariencia que impone respeto, magnificencia, excelencia, manifestación de gloria' [54]

Escrituras clave: Éxodo 33:18; Juan 1:14; Habacuc 3:4

Observaciones: La gloria en el rostro de Moisés vino de la gloria de las letras de la ley escritas en la piedra (2 Corintios 3:7-8)

Discernimiento:

- Paul: Dos corrientes que fluyen hacia arriba en la parte superior trasera de su cabeza, como dos pernos en los lados izquierdo y derecho; como cuernos de Moisés
- Jana: Siente peso en los costados y en la parte superior de la cabeza; siente que un campo vibrante la inunda
- Rob: Dos puntos equidistantes en la parte posterior de la cabeza
- Larry: Siente una presencia pesada y una profunda quietud
- Tobias: Ve como una radiación dorada e intensa

GLORIA RADIANTE (6) - VER ARMADURA DE LUZ

GLORIOSOS (37)

Categoría: Ser
Historia: Discernido por primera vez en el 2007
Definición: hebreo: *doxa*, denota principalmente 'una opinión, estimación, reputación'; en el NT, siempre 'buena opinión, alabanza, honor, gloria, una apariencia que impone respeto, magnificencia, excelencia, manifestación de gloria'; por lo tanto, de poderes angelicales, con respecto a su estado al mando del reconocimiento, 'dignidades', 2 P. 2:10; Judas 8; ver gloria, honor, alabanza, adoración[52]
Escrituras clave: Éxodo 33:18; 1 Pedro 2:10; Judas 8
Características: Parecen ser rayos de luz vivientes que son la base de la vida
Observaciones:
- Aparecen para conectar los espíritus elementales (que están conectados a los elementos físicos de nuestro cuerpo) con la Gloria de Dios
- Mantienen la frecuencia del diseño original

Discernimiento:
- Paul: Siente una barra en la parte superior, detrás de la cabeza de lado a lado
- Jana: Siente como una mano angelical en el medio de la cabeza
- Rob: Como una sensación de ping-pong en el frente de la cabeza
- Larry: Seres poderosos y tiene que preguntar qué está presente
- Tobias: Sensación en el medio de la espalda, con la sensación de un aceite esencial de menta; también a través de la parte superior, posterior derecha de la cabeza; los ve de una apariencia similar a la de los átomos y electrones con gloria y luz en y sobre ellos; puede sentirlos reaccionar detrás de él bajo los omóplatos

GOBERNANTE (81)

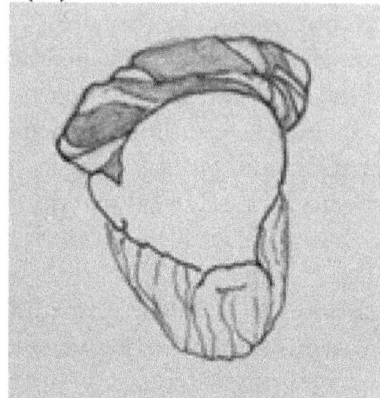

Categoría: Ser
Historia: Discernido por primera vez en el 2008
Definición: griego: *archon*, siempre significa 'primacía' ya sea en tiempo: 'principio' o *principium*; o en un rango: 'poder', 'dominio', 'oficina', 'poder sobrenatural'. (Algunas versiones lo traducen como 'principados', aunque el concepto parece estar respaldado por las escrituras)
Escrituras clave: 1 Corintios 2:6; Efesios 3:10, 6:12; Colosenses 1:16
Características: Se sienta en la mesa de del pan de la proposición
Observaciones: El Salmo 23 parece ser acerca de los gobernantes
Discernimiento:

- Paul: Parte trasera de la cabeza por el cuello (lo mismo que los poderes)
- Jana: Siente poder en la espalda, en el medio de la cabeza y el cuello
- Rob: Siente en la parte posterior de la cabeza
- Larry: Siente poder en la parte posterior de la cabeza y pregunte qué está presente

GUARDIÁN (35) - VER PORTERO

HIJO(S) DE DIOS (91)
Categoría: Ser
Historia: Discernido por primera vez en el 2011
Definición: *Bene ha elohim*, 'hijos de Dios' [111]

Escrituras clave: Génesis 6: 1-2; Jueces 5:8; 1 Samuel 28:13-14; Job 1:6-7; Lucas 3:38; Romanos 8:19
Características:
- Pueden ser justos o impíos; revelados o caídos
- Las relaciones sexuales de los hijos caídos con las hijas de los hombres dieron como resultado los Nephilim y los Rephaim
- Los hijos caídos representan los panteones mitológicos de varias culturas

Discernimiento:
- Paul: A un lado de la cabeza
- Jana: Efervescencia en el lado izquierdo, especialmente la parte posterior del hombro
- Larry: En el lado izquierdo de la cabeza y tiene que preguntar qué está presente

HIJO DE HOMBRE (90)
Categoría: Dios
Historia: Discernido por primera vez en febrero del 2013
Definición: griego: *huios*, 'un hijo' [109] También, *anthropos*, usado para 'un ser humano, masculino o femenino', sin referencia a sexo o nacionalidad [110]
Escrituras clave: Daniel 7:13; Mateo 12:8; Marcos 14:62
Discernimiento:
- Paul: En el lado izquierdo del cabeza justo debajo de las estrellas
- Jana: Lado izquierdo del cuerpo, como humano pero santo
- Larry: Lado izquierdo de la cabeza y pregunta qué está presente

HOMBRE DE BRONCE (12)

Categoría: Ser
Definición: hebreo: 'îš, 'hombre', 'humanidad', 'campeón', - 'gran hombre', 'esposo', 'persona', 'cualquier cosa', 'quienquiera';[17] nĕḥōšet, 'cobre', 'bronce', 'latón', 'bronceado'[18]
Historia: Discernido por primera vez el 19 de julio del 2014, exactamente nueve meses después de un sueño el día 19 de octubre de 2013 donde Donna estaba embarazada; una vara de medir en la mano izquierda de Paul y lino en la mano derecha fue visto por Larry Pearson; se dio cuenta de que era el hombre de bronce de Ezequiel 40
Escritura clave: Ezequiel 40, 43
Características:
- Un ser creado, no el Señor
- El templo de Dios está dentro de nosotros y parece que el enemigo coloca su templo al lado; el Hombre de Bronce mide nuestras dimensiones y nuestro templo para asegurarnos de que estamos en la alineación correcta con el diseño de Dios y para mostrarnos las dimensiones y medidas correctas.
- El Hombre de Bronce mide a la novia para determinar lo que es santo y profano
- Parece estar atado a los cuatro tronos
- Una vez que la medición es finalizada, hay una liberación de lo que no está bien

Funciones:
- Palabra profética de Larry Pearson: "Esta vara de medir será como una línea de plomada para trazar la demarcación entre lo que era viejo y lo que viene, lo nuevo, lo que aún no se ve. Una nueva visión está llegando a aquellos que se posicionarán a Sus pies. Mi medida está buscando a mi Hijo. Ve y mide a aquellos que respiran vida y observan el incremento. Señales en la tierra, señales en los cielos. Las señales en la tierra liberan las señales en el cielo. Hay un nuevo fuego abundante para liberar los pies de aquellos que traen buenas noticias para liberar un derrame de Su espíritu."
- El propósito de medir es llevarnos al lugar Santísimo.
- La medición también nos hace alinear con la justicia y la rectitud
- La medición separa el trigo de la cizaña

Discernimiento:
- Paul: Dos puntos hacia la izquierda, en la parte superior de la cabeza (igual que Gabriel)
- Jana: Ve una figura dorada como un espíritu
- Rob: Sensación cerca de la parte superior del lado izquierdo de la cabeza
- Larry: Siente una figura de bronce en su espíritu
- Tobias: Como el "hombre de lata de Oz" parado detrás; visión parcial; siente la autoridad y los tronos al mismo tiempo

HORNO (32) - VER TAMBIÉN: ÁNGEL DEL SEÑOR

Categoría: Ser
Historia: Discernido por primera vez en el 2001
Definición: hebreo: horno *tannûr*, horno; [43] *ṣārap* olía, refinar, prueba[44] y *y'esh* (aysh) fuego,[45] fuego refinador
Escrituras clave: Malaquías 3:2, 4:1
Características: Un fuego ardiente que da como resultado una intensa liberación y purificación
Observaciones:
- Un hombre caminó a través del horno durante nuestra primera reunión en la carpa en Victorian House en Hesperia California, y fue sanado de cáncer cerebral

- Una mujer que fue TID pasó por el horno y fue sana.

Discernimiento:
- Paul: Parte superior de la cabeza (igual que el Ángel del Señor)
- Jana: Puede ver como un cuadrado de fuego; siente calor frente a ella
- Rob: Intensa sensación de fuego sobre la cara
- Larry: Ardor en el vientre y pregunta qué está presente
- Tobias: Ve un horno; siente calor

JEHOVÁ JIREH, O YAHVEH JIREH (50)

Categoría: Dios
Historia: Discernido por primera vez el 24 de Septiembre del 2014; fue confirmado con palabras proféticas en septiembre 27, 2014
Definición: hebreo: *yeh·ho·vaw yir·eh*, 'El Señor proveerá'
Escrituras clave: Génesis 22:14
Discernimiento:
- Paul: Lado izquierdo de la cabeza a una pulgada de la oreja izquierda
- Tobias: Ve una mano en el techo arrojando monedas como CD's enormes; ve y siente el calor de la comida y autos andando

KAIROS (51)

Categoría: Ser
Historia: Discernido por primera vez en el 2012, cuando Paul sintió

con la mano un reloj de arena de una envergadura de 15-20 pies con arena fluyendo; recibieron un mensaje sobre el tiempo, y parecía la primera vez que el Tiempo se había comunicado con un ser humano
Definición: griego: *kairos*, principalmente, 'una medida apta' se usa para 'un período fijo y definido, un tiempo, una temporada' y se traduce como 'oportunidad'.
Escrituras clave: Gálatas 6: 10, Efesios 5:16, Hebreos 11:15
Observaciones:
- En un sentido espiritual, el Señor parece indicar que Kairos es Su tiempo en oposición con el tiempo del hombre, que es Chronos
- Chronos se usa de forma natural para indicar el tiempo; pero en el discernimiento, Kairos es justo y Chronos es el dios del tiempo

Discernimiento:
- Paul: Siente una sensación efervescente (igual que con los ángeles); un golpe diciendo, "Kairos" (siente a Chronos de la misma manera, junto con el mal pro defecto)
- Rob: Una sensación de efervescencia que emana hacia el cielo desde la parte superior, frontal de la cabeza
- Tobias: Ve como un reloj de arena; puede verlo también como un río que fluye con muchos afluentes

LÁMPARA (74) - VER TAMBIÉN: PODER

LEÓN DE JUDÁ (27)
Categoría: Dios
Historia: Discernido por primera vez en el verano del 2016
Escritura clave: Apocalipsis 5:5
Características: Conectado a la sanidad, majestad, fuerte pero también amable y bondadoso
Observaciones: A menudo es visto caminando alrededor de una reunión
Discernimiento:
- Paul: Abajo a la izquierda y derecha en la parte posterior de la cabeza como dos puntos de presión
- Jana: ve un león
- Larry: Sabe en el espíritu que un león está presente

- Tobías: Lo ve y lo siente caminando y frotándose contra él; parece muy cariñoso, fuerte y puede ser amable o feroz.

LENGUAS (DE HOMBRE) (98)
Categoría: Ser
Historia: Discernido por primera vez en 1994; Primero discernido en la cabeza, 21 de marzo de 2015
Definición: griego, *glossa*, (a) 'un idioma' junto con *phule*, 'una tribu', *laos*, 'un pueblo', *ethnos*, 'una nación', (b) 'el don sobrenatural de hablar en otro idioma sin haberlo aprendido' [119]
Escrituras clave: Salmo 104:4; Hechos 2:3; 1 Corintios 13:1, 14:2-27; Hebreos 1: 7
Características:
- Hay lenguas que son lenguas terrenales que no han sido aprendidas por un individuo, así como lenguas únicas que son lenguas angélicas
- Aparece como una llama de fuego

Funciones: Entregar un mensaje directamente del Señor a un individuo
Observaciones: Una lengua de ángeles es muy diferente a las lenguas de hombres, en ellas las lenguas a menudo están formadas por sonidos y tonos inusuales.
Discernimiento:
- Paul: En el lado izquierdo de la cabeza cerca de donde se siente el Espíritu Santo y recibe un golpe al decir: "lengua de hombre" o "lengua de fuego"
- Jana: Ve una lengua de fuego; palabra de conocimiento
- Larry: En la parte superior de la cabeza y pregunta qué está presente, sabiéndolo en el espíritu

LENGUAS ANGELICALES (99) - VER TAMBIÉN: LENGUAS
Categoría: Ser
Historia: Discernido por primera vez el 21 de marzo del 2015
Definición: griego: *glossa*, las 'lenguas… como de fuego' que apareció en el Pentecostés; Griego: *angelos*, 'un mensajero'
Escritura clave: 1 Corintios 13:1, 14:2-27
Características: Aparece como una lengua de fuego

Observaciones: Una lengua de ángeles es muy diferente a las lenguas de hombres, ya que las lenguas a menudo están formadas por sonidos y tonos inusuales.

Discernimiento:

- Paul: Siente en el lado izquierdo de la cabeza cerca de donde se siente el Espíritu Santo y recibe un golpe al decir: "lengua de ángeles"
- Jana: Escucha el canto de escalas musicales
- Larry: Lo sabe en el espíritu

LEY (52)

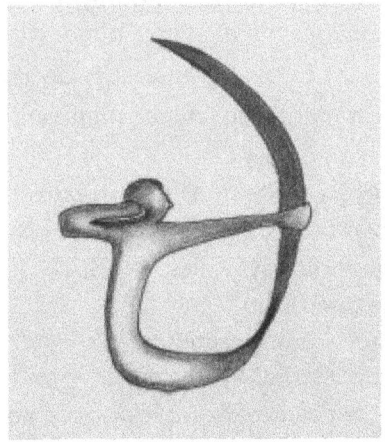

Categoría: Ser
Historia: Discernido por primera vez el 3 de marzo del 2017
Definición: hebreo: *torah*, 'ley', 'dirección', 'instrucción'[64] griego: *nomos*, 'uso', 'personalizado', y luego, 'ley', como decretada por un estado y establecida como el estándar para la administración de la justicia.[65]
Escrituras clave: Salmo 119; Romanos 8:2; 1 Corintios 15:56; 2 Corintios 3:7-11; Hebreos 7:19, 28.

Discernimiento:

- Paul: Discierne al YO SOY más dos líneas que van de regreso a la parte posterior de la cabeza como un poste del arco
- Rob: En la mitad delantera de la cabeza

LIBRO - VER TAMBIÉN: BIBLIOTECA (9)

Categoría: Entidad
Historia: Fue discernido con la mano en el 2005; el discernimiento de la cabeza comenzó el 26 de septiembre del 2015
Definición: En hebreo: *seper*, significa libro, carta o rollo; griego: *biblion*, libro o rollo o cualquier hoja en la que algo está escrito[14]
Escrituras clave: Éxodo 32:33; Números 21:14; Salmos 40:7, 69:28, 139:16; Isaías 29:11-12, 34:16; Ezequiel 3:1-3; Daniel 7:10, 12:1-4; Zacarías 5:1-2; Malaquías 3:16; Filipenses 4:3; Hebreos 10:7; Apocalipsis 3:5, 5:1-9, 10:2-10, 13:8, 17:8, 20:12-15, 21:27
Características:
- Existen en lugares celestiales
- Contienen todas las formas de información, tanto histórica como profética
- Diferentes a los libros terrenales (es decir, rollos voladores)
- Algunos son antiguos, escritos antes de la creación del mundo
- Parece haber una conexión entre nuestro espíritu y lo que está en un libro; nuestro espíritu puede estar escribiendo los libros
- En la biblioteca hay rollos y libros, siguiendo el patrón histórico de desarrollo

Funciones: Utilizado como referencia y/o evidencia, usado para el juicio en las cortes celestiales, entregado por los ángeles para el propósito de Dios (es decir, para ser leídos o comidos)
Discernimiento: Se puede sentir como un peso en una mano; la forma/y tamaño se pueden sentir con las manos; puede verse como una visión
- Paul: A través de la mitad posterior de la cabeza, como la biblioteca; también puede sentirlo con su mano
- Jana: Ve libros
- Larry: Siente rollos/libros
- Tobias: Al igual que un estante en la senda antigua, le recuerda a una escalera, pero hecha de múltiples estantes en lugar de peldaños; escucha la frase, "escalera de la revelación"

LÍDER (DON ESPIRITUAL) (53)
Categoría: Ser
Historia: fue discernido por primera vez a principios de los 90's

Definición: Griego: *proistemi,* 'presidir la regla', también significa 'mantener' [66]
Escrituras clave: Romanos 12:8; 1 Timoteo 3:4, 5
Discernimiento:
- Paul: Como un río con rápidos que fluye sobre los hombros de una persona que se puede distinguir desde muy atrás hacia muy adelante
- Jana: Unción como un río saliendo de la cabeza
- Rob: Fuerte sensación en los hombros

LONGITUD (54)
Categoría: Entidad, Lugar
Historia: Discernido por primera vez en el 2011
Definición: griego: *mékos,* 'longitud' [67]
Escrituras clave: Efesios 3:18
Características: Lugar de la unidad sexual
Observaciones: Un joven que había estado en una relación sexual ilícita con una mujer compartió esto, "Tan pronto como comencé esta relación con ella me di cuenta de que había salido de ese espacio donde está Dios y el mal me rodeaba. Queriendo regresar a ese espacio, rompí la relación."
Discernimiento:
- Paul: Se siente como un bar en el medio de mi cabeza, muy a menudo con una palabra de conocimiento cuando se concentra en la longitud
- Jana: Palabra de conocimiento
- Rob: Siente un cambio dimensional y le pregunta al Señor

LÍNEAS LEY (44) - VER CAMINOS DE SANTIDAD

MAESTRO (OFICIO) (95)
Categoría: Ser
Historia: Discernido por primera vez a principios del 2000
Definición: hebreo: *moreh,* 'un maestro' [115] Griego: *didaskalos,* 'un maestro' [116]
Escrituras clave: Efesios 4:11
Observaciones: El discernimiento puede referirse a la oficina o la función del maestro, y puede indicar la enseñanza

Discernimiento:
- Paul: En el dedo meñique de la mano derecha o izquierda
- Jana: Presión en el dedo meñique
- Rob: Presión en el dedo meñique
- Larry: Presión en el dedo meñique izquierdo o derecho

MAESTRO (DON ESPIRITUAL) (96)
Categoría: Ser
Historia: Discernido por primera vez a principios de los 90s
Definición: griego: *didasko*, 'dar instrucciones' [117]
Escrituras clave: Romanos 12:7; Mateo 28:20
Discernimiento:
- Paul: Como un río que parece tener rápidos que fluyen a través del cerebro de una persona, discernido desde muy atrás hacia muy adelante
- Jana: Siente como un río fluyendo de la cabeza

MAJESTAD (59) - VER TAMBIÉN: SERAFÍN

Categoría: Lugar
Historia: Discernido el 16 de enero del 2015
Definición: hebreo; *ga'ăwâ*, 'majestad'; *hadar*, 'gloria', *hod*, 'majestad', 'esplendor', 'gloria', 'honor'; *gaon*, 'esplendor', 'majestad', 'gloria'; griego; *megalosyne*, 'majestad', 'nobleza'; Inglés; 'real', 'noble', 'dignidad señorial', 'carácter imponente 'grandeza' [71]

Escrituras clave: Deuteronomio 33:26, 33:29; 1 Crónicas 16:27, 29:11; Job 40:9-10; Salmo 8:4-5, 21:3, 45:1-4, 68:34, 90:16, 93:1-2, 96:6, 104:1, 145: 4-12; Isaías 2:10, 2:19, 2:21, 24:14, 26:10, 35:2; Hebreos 1:2-4, 8:1-2; 2 Pedro 1:16; Judas 25

Características:
- Parece ser un reino (dominio) donde miles de millones de serafines están adorando con los santos y muchos ángeles.
- Lugar del trono de Dios; ubicación de la grandeza de Dios y la intensa gloria; lugar donde Dios lucha por los santos; lugar donde se encuentran Su fuerza superior y poder
- Puede ser la ubicación de las sendas de los santos
- La gloria del Señor se coloca en los santos

Discernimiento:
- Paul: Como dos pernos en el lado izquierdo y derecho en la parte superior, detrás de la cabeza
- Jana: Un avión a través de la cabeza en el nivel de las cejas, como un disco ovalado con muchas líneas saliendo de él que se siente casi como un amanecer en la cabeza; ve en el horizonte un colorido amanecer y está consciente de los colores translúcidos
- Rob: Dos puntos equidistantes en la parte posterior de la cabeza
- Larry: Una poderosa presencia circundante y pregunta qué está presente

MALDAD (POR DEFECTO)

Discernimiento (Ver apéndice 2):
- Paul: Siente un punto en la parte posterior izquierda de la cabeza
- Jana: En el lado izquierdo detrás de la oreja
- Larry: La parte izquierda de la frente es espinosa.
- Tobias: En la parte superior derecha posterior de la cabeza

MASCULINIDAD (60)

Categoría: Dios, Ser, Entidad, Lugar
Historia: Discernido por primera vez en el 2015
Definición: Hebreo: *zākār*, 'masculino', Griego: *arsēn*, 'masculino' [72]

Escrituras clave: Génesis 1:27
Discernimiento:
- Paul: Al colocar la mano en el lado derecho del cuerpo, un golpe cuando digo "varón"
- Rob: En el lado derecho

MATRIMONIO (61)

Categoría: Entidad
Historia: Discernido por primera vez a principios del 2000
Definición: hebreo: *lāqaḥ*, 'tomar' (obtener, buscar), 'agarrar' (apoderarse), 'recibir', 'adquirir' (comprar), 'traer', 'casarse' (tomar esposa), 'arrebatar' (llevarse).[73] Griego: *gameo*, 'casarse' [74]
Escrituras clave: Génesis 2:23-24, 26:34; 1 Corintios 7:10
Observaciones:
- Paul: En el ministerio generacional, a menudo un esposo se tiene que arrepentir por no cubrir (dar protección) espiritualmente a las esposas y luego se le pide que ponga su cobertura sobre su esposa. También la esposa se arrepiente de la frustración porque su esposo no asumió su responsabilidad espiritual, lo que puede haber resultado en un error espiritual al asumir la responsabilidad de la dirección espiritual para ella y su familia.
- Bárbara: Cuando mi esposo oró esto, sentí como que un paraguas se abría sobre mi cabeza.

Discernimiento:
- Paul: Siente como la figura de un 8 en el esposo y la esposa. Cuando el marido cubre correctamente a la esposa, la parte superior de la figura 8 se extiende a la esposa. Cuando la esposa está en posición de someterse a la protección del marido, la parte superior de su figura ocho pasa por el corazón de su esposo.
- Jana: Siente la figura 8 sobre y alrededor de una pareja mirándose de frente

MAZZAROTH O ZODIACO (62)

Categoría: Ser
Historia: Discernido por primera vez el 26 de septiembre del 2012; la revelación sobre el gobierno divino fue el 10 de mayo del 2014; nos dimos cuenta de que es el zodíaco justo el 5 de septiembre del 2016
Definición: hebreo: *mazzārôt*, 'dudoso'. Tal vez se refiere a una estrella o constelación en particular. [75] Griego: *kosmokrotoros*, una palabra rara y tardía, cuya historia es difícil de seguir. Es relativamente común en las escrituras astrológicas, donde significa los planetas, su origen tal vez como los gobernantes de las esferas celestiales, luego como los gobernantes del universo que también ordenan los destinos de los hombres.[76]
Escrituras clave: Job 38:32; Efesios 6:12 (Gobernantes de las tinieblas de este siglo)
Características:
- Parece ser la rama ejecutiva del gobierno divino
- La palabra está en plural e indicaría las doce constelaciones (la corrupción de esto es el zodíaco en las diversas formas que se encuentran en diferentes naciones). Esto probablemente estaría relacionado con el versículo de Job 38:33 con respecto a las estrellas que "de su potestad en la tierra"
- Los doce signos del Mazzaroth están ligados a las doce tribus, las doce piedras del efod del sumo sacerdote y los doce dominios del cuerpo humano

Funciones: Quizás nuestras misiones de gobernar sobre las creaciones están conectadas a uno o más de los doce signos del Mazzaroth
Discernimiento:
- Paul: Unción en toda la parte superior de la cabeza, más dos puntos en el lado superior izquierdo de la cabeza a cada lado del punto de maldad

- Jana: Escucha estrellas; siente lentamente la unción en la parte superior de la cabeza
- Rob: Arriba, en lado izquierdo de la cabeza
- Larry: Siente una gran unción sobre y alrededor de la cabeza

MELQUISEDEC (64)
Categoría: Dios
Historia:

- Mencionado en la formación de Joel's Well el 22 de septiembre del 2008. Se dio una palabra profética, "Una nueva conciencia a la que te llamo. Alimenta a mis ovejas; protege a mis ovejas. Ellas están clamando; ¿no las escuchas? Están desesperadas. Si no te tengo a ti, ¿a quién debo llamar? Escucha."
- Discernido por primera vez el 23 de mayo del 2010, en Pentecostés, pero desconociendo su significado hasta julio del 2010

Definición: hebreo: *malkî-ṣedeq*, Melquisedec [78] Griego: Melquisedec
Escrituras clave: Génesis 14:18, Salmo 110:4, Hebreos 5-7
Características: Melquisedec es Jesús en Su función como sumo sacerdote, como intercesor
Funciones: Intercesión
Observaciones: Cuando se discierne, aguarde al final de la intercesión y luego discierna la respuesta del Padre (según Juan 5:19)
Discernimiento:

- Paul: Siente una sensación efervescente en la parte izquierda de la cabeza (cerca del punto del ángel)
- Jana: Ve túnicas; siente vibración
- Larry: Presencia en el costado de la cabeza y pregunta qué está presente

MIEL (47)

Categoría: Entidad
Historia: Palabras frecuentes/referencias desde el 2005; fue discernido por primera vez en abril del 2011
Definición: hebreo: *debash,* (deb-ash'), 'miel' [61]
Escrituras clave: Génesis 43:11; Éxodo 3:8; 16:31; Deuteronomio 32:13; Salmo 19:9-11, 119:103; Proverbios 5:3, 16:24, 24: 13-14,

25:16, 2:17; Cantar de los Cantares 4:11, 5:3; Ezequiel 3:3; Apocalipsis 10:9-10
Características: la manifestación parece estar ligada a la liberación y la sanidad; su aparición a menudo significa revelación
Observaciones: puede referirse a la comida, describir la dulzura de la tierra de Canaán o ilustrar lecciones bíblicas
Discernimiento:
- Paul: Siente como que las manos están pegajosas y parecen brillantes
- Jana: nada
- Larry: Siente una sustancia pegajosa en las manos
- Tobias: lo siente por todos lados sobre ellos, como en una habitación donde todo es pegajoso; ve como miel verdadera

MIGUEL (63) - VER TAMBIÉN: ÁNGEL, ARCÁNGEL
Categoría: Ser
Historia: Discernido por primera vez en 1996
Definición: Hebreo: *Mikael*, "¿Quién es como Dios?" Príncipe, *sar*, 'jefe, gobernante, oficial, capitán, príncipe' usado 381 veces en el Antiguo Testamento [77]
Escrituras clave: Daniel 10:10-13, 20-21; Daniel 12:1; Judas 9; Apocalipsis 12:7-8
Características: Descrito como 'uno de los grandes príncipes' a Daniel
Funciones: Guerrero; luchó contra Satanás en la guerra en el cielo; vigila por Israel; contendió con el diablo sobre el cuerpo de Moisés
Discernimiento:
- Paul: Fuerza abrumadora en la parte superior izquierda de la cabeza
- Jana: En el lado derecho de la cabeza, a veces un movimiento como cuando se viaja
- Rob: En la parte de arriba, derecha, media de la cabeza
- Larry: Siente un ser poderoso y tiene que preguntar qué está presente

MISERICORDIA (DON ESPIRITUAL) (65)
Categoría: Ser
Historia: Primero discernido a principios de los 90s

Definición: Griego: *eleeo*, 'tener misericordia, mostrar bondad, por beneficencia o asistencia', se traduce como 'tener compasión' en Mateo 18:33 (KJV); Marcos 5:19 y Judas 22 [79]

Escrituras clave: Romanos 12: 8; Colosenses 3:12

Discernimiento:
- Paul: Siente como un río que parece tener rápidos que fluyen a través del corazón de una persona, y se puede discernir desde muy atrás hasta muy adelante en una persona
- Jana: Siente como un río que fluye desde el corazón

MONTE DE SION (66)

Categoría: Lugar

Historia: A principios del 2000

Definición: hebreo: *ṣîyôn*, 'Sion', griego: *sion*, posiblemente relacionado con el árabe *ṣâna*, 'proteger', 'defender'; por lo tanto, *ṣîyôn* puede haber significado 'lugar de defensa', 'fortaleza'. Otros sugieren la derivación de la raíz *ṣāhâ*, 'ser calvo'. Sion es el montículo fortificado entre el Kidron y los valles Tyropean que David capturó de los Jebuseos [80]

Escrituras clave: Salmo 48:2; Hebreos 12:22

Discernimiento:
- Paul: una unción en la parte superior de la cabeza y un golpe que dice: "Monte Sion"
- Jana: ve y siente una pirámide sobre la cabeza
- Rob: sensación de adelante hacia atrás en toda la cabeza
- Larry: Poder bajo sus pies y tiene que preguntar qué está presente

MUROS (34) - VER DOMINIO

NUBE (17)

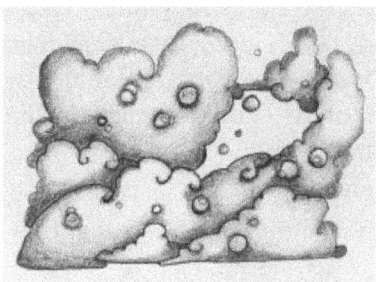

Categoría: Entidad
Historia: La primera vez que fue discernida fue el 26 de octubre del 2013
Definición: hebreo: *ănān,* 'nube'
Escrituras clave: Daniel 7:13, Miqueas 2:6-13, Mateo 24:30, Marcos 13:26, Judas 12, Apocalipsis 1:7
Características: Las nubes espirituales parecen estar formadas por 'gotitas de palabras'; las nubes malas serían 'nubes sin lluvia'
Observaciones:
- De acuerdo con Miqueas 2:6-13, las palabras falsas son 'charlatanerías' significando con esto que son gotas; por lo tanto, las palabras falsas resultan en nubes impías
- Los que vienen en contra de este mal pasarán por la Puerta del Irrumpimiento.
- Hemos notado que la liberación ocurre cuando le pedimos a Dios que quite las nubes impías de las personas

Discernimiento:
- Paul: Como una unción sobre la cabeza; recibe un golpe ligero diciendo 'nube'
- Jana: Ve destellos como aguas vivas; siente la unción encima de la cabeza
- Rob: Siente una nube impía como una sensación entre el bíceps y el antebrazo
- Larry: Detecta una nube y pregunta qué está presente

NUBE DE TESTIGOS (18)

Categoría: Lugar
Historia: Las primeras palabras fueron en el 2006; no está claro

cuando se discernió por primera vez
Definición: griego: *nephos,* denota 'una masa nublada, deforme, cubriendo los cielos'; por lo tanto, metafóricamente, es 'una multitud densa, multitud',[23] *martus* o *martur*, (de donde *Eng.*, '*mártir*', quien 'da testimonio' por su muerte) denota 'alguien que puede o no afirmar lo que ha visto, escuchado o sabe'[24]
Escrituras clave: Hebreos 12:1
Observaciones: Partes pueden estar en las diferentes dimensiones y dominios
Discernimiento:

- Paul: Como un cuenco (estadio) en la cabeza; también igual que los hijos de Dios.
- Jana: Ve destellos de aguas vivas.
- Rob: Sensación muy fuerte en la parte superior, lado izquierdo de la cabeza.
- Larry: Siente a la gente en una nube
- Tobias: Ve a la gente en la nube desde el pecho hacia arriba, a veces distingue a los individuos; se discierne a sí mismo viajando en y/o a través de la nube.

OLIVOS (67)

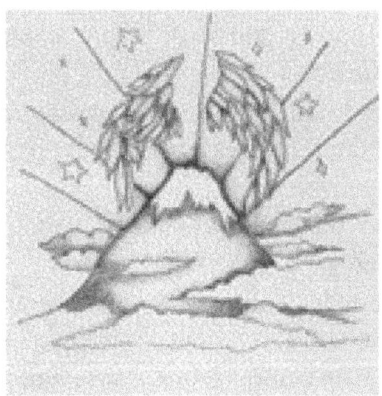

Categoría: Ser
Historia: Primera vez que fue discernido fue en 2005
Definición: Hebreo: *zayit*, 'olivo', 'olivo'[81]
Escrituras clave: Zacarías 4; Apocalipsis 11:4
Características: el árbol hembra está a la izquierda y el árbol macho a la derecha
Discernimiento:

- Paul: Siente el contorno de los dos árboles con la mano
- Jana: Ve árboles

ORDEN DE MELQUISEDEC (68) - VER TAMBIÉN: DOMINIO, REINO, SENO DE LA AURORA, MELQUISEDEC

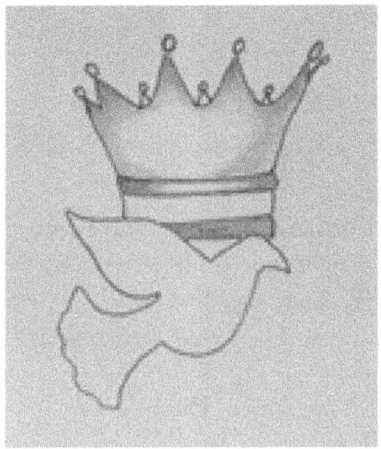

Categoría: Dios, Lugar
Historia: Palabra profética, el 22 de septiembre del 2008; discernido por primera vez el 18 de noviembre del 2015
Definición: hebreo: *debra*, 'causa', 'razón', 'modo' [82] griego: 'una organización, arreglo, orden' (similar a *tasso*, 'arreglar, prepararse para')
Escrituras clave: Salmo 110:4; Hebreos 7:11
Características: Un dominio/reino
Funciones: Lugar de intercesión de nuestro Sumo Sacerdote, Jesucristo
Observaciones:
- Durante la oración, puede ser llevado al reino de la Orden de Melquisedec a esperar mientras se realizan las intercesiones de Jesús, y luego discernir cuáles son los resultados
- Parece estar involucrado en la formación de nuestros espíritus (como hijos de Dios) en el Seno de la Aurora
- No debemos estar en el orden Levítico, sino en el Orden de Melquisedec
- Parece estar vinculado a la tribu de Levi y Piscis

Discernimiento:

- Paul: Parte superior trasera, izquierda de la cabeza, como dos puntos de presión que a menudo vibran, uno en la parte superior y otro justo debajo de él
- Jana: Ve una plataforma redonda con o sin una red
- Rob: Parte superior izquierda de la cabeza
- Larry: Siente una expansión poderosa y tiene que preguntar qué hay presente

PADRE COMO PODER (29)

Categoría: Dios
Historia: Discernido por primera vez el 17 de mayo del 2013
Definición: griego: *dunamis*, 'poder, habilidad', físico o moral, que reside en una persona o cosa; 'poder en acción', como, por ejemplo, cuando se van a realizar milagros; ocurre 118 veces en el NT; es a veces el uso del milagro o la señal en sí mismos, el efecto puesto a favor de la causa.[40]
Escrituras clave: Mateo 26:64; Hechos 1:8
Características: El Padre en Su poder omnipotente eterno
Discernimiento:

- Paul o siente fuerte en la parte trasera de la cabeza
- Jana: Lo siente muy fuerte en la parte trasera del cuello
- Rob: En el lado derecho, en la parte trasera de la cabeza
- Larry: Un ser poderos y tiene que preguntar que está presente
- Tobias: Ve como una esfera con luz adentro, como una reacción de fusión; lo siente moviéndose en círculos alrededor de su cabeza.

PALABRA DE VIDA (109)

Categoría: Dios
Historia: Discernido por primera vez el 28 de enero del 2017.
Definición: griego: *logos*, 'una palabra o dicho', también significa 'un recuento que se da de boca en boca' [135] *zoe*, (Ing., 'Zoológico', 'zoología') se utiliza en el NT 'de la vida como un principio', 'la vida en el sentido absoluto', 'vida como la tiene Dios' [136]
Escrituras clave: Filipenses 2:16; 1 Juan 1: 1, Hebreos 4:12

Discernimiento:
- Paul: Sensación efervescente en el lado izquierdo de la cabeza que comienza en la parte superior del cuello y sube al lado superior izquierdo de la cabeza
- Larry: Ve un libro abierto en el Espíritu

PALABRA VIVA (58)
Categoría: Ser
Historia: Discernido por primera vez el 16/5/16
Definición: griego: *zao,* 'vivir', 'estar vivo'[70]
Escrituras clave: Hebreos 4:12
Características:
- Ha sido visto como una espada, cuyo filo parece un diamante; la espada también parece ser un ser vivo atado a la Palabra Viva; parece ser entre un ángel masculino y femenino; el propósito parece ser que todo lo que se puede dividir de una manera justa
- Parece haber una conexión con el Árbol de la Vida
- La energía vinculada a la Palabra Viva parece ser electromagnética
- Parece estar vinculado con el concepto de una fuerza trabajo que es la palabra "poderosa" en Hebreos 4:12 y tiene que ver con la fe

Discernimiento:
- Paul: Lo siente a la derecha de los santos; un destello que tiene que ver con 'vivo'; en el mismo lugar que los ángeles
- Jana: Ve los colores del arco iris alrededor de las palabras.
- Larry: Siente una espada en el espíritu y pregunta qué está presente
- Tobias: Siente como una fuerza densa en la atmósfera que envía ondas gravitacionales.

PALMONI, O UN SANTO (69)

Categoría: Ser
Historia: Discernido por primera vez en el 2008
Definición: Cuando a Daniel se le dio una profecía especial por parte de un cierto santo, este mensajero especial se llamó *palmoni*, que está anotado en el margen como el "numerador de secretos". Esto parece ser un especialista que tiene que ver con los números. Tanto los números como las palabras parecen tener un significado particular en las obras de Dios. [84]
Escrituras clave: Daniel 8:13
Características: Palmoni parece vibrar a 444 HZ, que es la clave de A sobre la media C. Puede ser el sonido que se tocó en la dedicación del templo de Salomón. (2 Crónicas 5:13-14)
Discernimiento:
- Paul: Vibración en la cabeza (como la biblioteca), más la mitad de la parte inferior de la cabeza
- Jana: Siente la vibración delante del cuerpo entre dos pilares; lo siente con la mano
- Rob: Siente la vibración y pregunta si es Palmoni
- Larry: Vibración al frente y pregunta qué está presente

PASTOR (OFICIO) (70)
Categoría: Ser
Historia: Discernido por primera vez a principios del 2000

Definición: griego: *poimen*, 'un pastor', uno que cuida manadas o rebaños usado metafóricamente para pastores cristianos. [85]
Escritura clave: Efesios 4:11
Observaciones: El discernimiento puede indicar la oficina o función del pastor, o también puede indicar el pastorear.
Discernimiento:
- Paul: Presión en el dedo anular de la mano derecha o izquierda. La derecha y la izquierda pueden indicar el lado de la madre (izquierda) o el lado del padre (derecha). (Algunos creen que la izquierda indica con lo qué naces y la derecha indica para lo que debes tener fe).
- Jana: Presión en la penúltima uña
- Rob: Siente presión en el dedo anular izquierdo
- Larry: Siente presión en el dedo anular, de cualquier mano

PIEDRAS ARDIENTES (31)

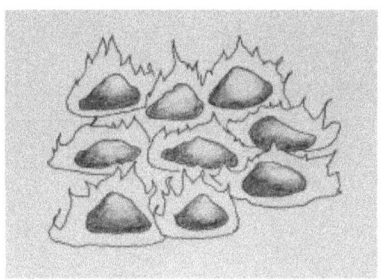

Categoría: Entidad
Historia: Las primeras palabras proféticas fueron en el 2010; la primera vez que fue discernido fue el 21 de septiembre del 2015
Definición: Hebreo: *'esh eben'*, 'ardiente' [La versión AV lo traduce como 'fuego' 373 veces, 'quemar' una vez, 'ardiente una vez, 'variante no traducida' una vez, 'fuego + 800' una vez, 'flamear' una vez, y 'caliente' una vez; 1A fuego, llamas; 1B fuego sobrenatural (que acompaña a la teofanía); 1C fuego (para cocinar, tostar, secar); 1D fuego del altar; 1E la ira de Dios [42]
Escrituras clave: Ezequiel 28:14,16; Gálatas 4:3,9; Colosenses 2:8,20
Características: Parece consistir en todos los componentes de materia física, partículas atómicas y subatómicas

Observaciones: La manifestación de las piedras ardientes es lo que comenzó la sanidad de Larry Pearson de la enfermedad de Crohn en agosto del 2010.

Discernimiento:
- Paul: Vibraciones en la parte posterior de mi cabeza
- Jana: Los ve primero; siente vibración en la planta de los pies
- Rob: Una sensación de quemazón en la parte derecha, posterior de la cabeza sobre el cuello
- Larry: Una fuerte sensación de ellos debajo los pies y puede estar parado sobre ellas a menudo en el reino; a veces se ha sentido sumergido dentro y fuera de ellas con una sensación de calor y frío.
- Tobias: Siente como una corriente ascendente de aire caliente, ve como piedras calientes brillantes, como las que se usan para dar masajes

PILAR (72)
Categoría: Ser
Historia: Discernido por primera vez el 7 de junio del 2016
Definición: hebreo: *'ammûd'*, 'pilar', 'columna'
Escrituras clave: 1 Reyes 7:21; Job 38:19; Proverbios 9; Jeremías 1:10, 31:28
Características:
- Vivienda de luz
- Siete pilares de la sabiduría
- También puede incluir otros pilares, como Boaz y Jaquín
- Parecen cubos, pero Paul los siente como pilares
- Parecen estar conectados a un ámbito de suministro: a nuevos ámbitos de suministro
- Atado a las matemáticas (ecuaciones)
- Parecen estar hechos de luz
- Los pilares impíos parecen crear un campo de fuerza que separa la segmentación en el cerebro. Limita el pensamiento, causando confusión
- Los pilares impíos también pueden afectar a otros órganos: la vesícula biliar del corazón, el hígado, etc.

Funciones:

- Parecen desarraigar y derribar
- Parecen sostener los portales

Observaciones:
- Los pilares impíos parecen crear un campo de fuerza que separa y segmenta en el cerebro, limitando el pensamiento y causando confusión.
- También puede afectar otros órganos: corazón, vesícula biliar, hígado, etc.

Discernimiento:
- Paul: Sensación efervescente en la parte superior de la cabeza en ambos lados
- Jana: Ve colores vibrantes translúcidos como un rayo de luz; siente vibración
- Larry: Ser en frente de él y preguntar qué hay presente

PODER (74)
Categoría: Ser
Historia: Discernido por primera vez en 1994
Definición: Griego: *dynamis; dunamis* (doo'-nam-is), 'fuerza' (literal o figurativamente); especialmente 'poder milagroso' (generalmente por implicación, un milagro en sí mismo);[89] 'habilidad', 'abundancia', 'pode' (-ily, -y, -y hazaña)', '(obrador de) milagro (-s)', 'poder', 'fuerza', 'violencia', 'poderoso' 'obra [90] (maravillosa)'
Escrituras clave: Romanos 8:38; Hebreos 6:5; 1 Pedro 3:22
Características: Asociado a campos magnéticos: ver Apéndice 3
Discernimiento:
- Paul: Parte trasera de la cabeza
- Jana: Parte trasera del cuello
- Larry: Parte trasera de la cabeza

PODERES DEL SIGLO VENIDERO (74) - VER TAMBIÉN PODER
Categoría: Lugar
Historia: Discernido por primera vez el 2 de Marzo del 2009; palabras proféticas en el 2010 y 2015
Definición: griego: *dunamis*, 'poder'; habilidad, física o moral, como cuando reside en una persona o cosa [91] *aion*, 'una era' [92]
Escrituras clave: Hebreos 6:5

Observaciones: Palabra de Larry el 23 de abril del 2015 Pearson, "…Toma asiento en este reino; Te estoy dando un nuevo carro de poder con el Espíritu de Elías y nuevos decretos; aceleración de la manifestación y transformación a una habitación para Mi Espíritu sobre la tierra… Una gran autoridad se está despertando, un gran poder está viniendo… esta es la hora en que cambio Mi poder para ser triunfante por gracia, para revelar el rostro de lo que fue dado antes de los cimientos de la tierra."

Discernimiento:
- Paul: En la parte trasera de la cabeza (igual que los Poderes)
- Jana: Palabra de conocimiento y sentido de la presencia de la sabiduría
- Larry: Un poder abrumador y pregunta qué está presente

PORTAL (22) - VER TAMBIÉN: DOMINIO, PUERTAS, RED

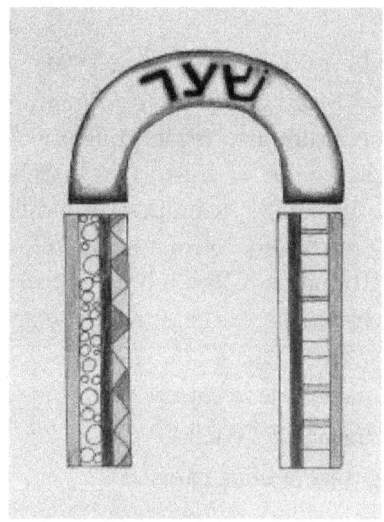

Categoría: Entidad

Historia: La primera revelación fue en el 2011; la primera vez que fue discernido fue a principios del 2016

Definición: hebreo: *sarar*, la idea raíz es 'dividir' (también así el verbo en etíope), 'irrumpir' (también en árabe); otras dos palabras a veces se traducen como 'portal' *petaḥ* y *delet*; antes significaba 'entrada', del verbo 'abrir'; el último se refiere a las 'hojas de la puerta' que forman parte de la puerta; *ša'ar* se refiere a todo el complejo de la puerta y al área abierta a cada lado; Griego: se usa *pule* literalmente, para una clase más grande de 'portal', en el muro de una ciudad, de un palacio o templo, Lucas 7:12, de Naín (los lugares de entierro estaban fuera de los 'portales' de las ciudades) ; Hechos 3:10; 9:24; 12:10; Heb. 13:12; (b) metafóricamente, de las 'puertas' en las entradas de los caminos que llevan a la vida y a la destrucción; la importancia y la fuerza de las 'puertas' los hizo verlas como sinónimos con poder [49]

Escrituras clave: Génesis 22:17, 24:60; Salmo 24; Isaías 26:2, 45:1-2; Proverbios 8: 3; Mateo 16:18

Características: Muchos han visto todo tipo de puertas en el espíritu; a menudo tienen un letrero en el dintel que indica el propósito de la puerta; los porteros parados junto a la puerta; a menudo hay sangre, un umbral, y pactos de sal escritos en la base de la puerta; escritos a menudo en hebreo.

Funciones: Son aberturas en la red que permiten el acceso a las puertas y los reinos

Observaciones:
- Puede mencionar diferentes tipos de puertas preguntándole al Señor qué puerta es, y luego recibir un golpe si está en lo correcto
- Si la puerta es impía, las puertas después del portal deben tratarse primero; las puertas injustas necesitan ser cerradas y las puertas justas deben ser abiertas
- Una estrella (ser) a menudo funciona como un portal o una puerta

Discernimiento:
- Paul: Siente unas barras paralelas en la parte posterior de los bordes izquierdo y derecho de la cabeza
- Jana: Ve dos pilares o postes; siente presión en la parte superior de la cabeza
- Rob: lo siente en el dedo gordo izquierdo
- Larry: Siente algo frente de él y tiene que preguntar qué hay presente
- Tobias: Ve una variedad de estilos similares en la apariencia física; siente sensación pulsante en ambos lados de la cabeza en la parte posterior

PORTERO O GUARDIÁN (35)

Categoría: Ser
Historia: Discernido por primera vez, a principios del 2010
Escrituras clave: Isaías 22:22; Apocalipsis 3: 7-9
Funciones: Tareas similares pero asignadas a portales o puertas; guardianes malvados/porteros bloquean la entrada a los portales/puertas a las que deberíamos tener entrada
Observaciones:

- Los que custodiaban los portales de las ciudades y las puertas de los palacios, templos y otros edificios grandes.
- La tarea era admitir o rechazar visitantes (2 Reyes 7: 10-11; 11: 4-9).
- En la Biblia, estos hombres son nombrados de diversas maneras como porteros, guardadores de las puertas y guardias.[50]
- Parecen que son seres espirituales que tienen las llaves de los portales y las puertas que tienen esta función en la red

Discernimiento:

- Paul: Siente una vibración en la parte inferior de la parte posterior de su cuello; siente con la mano cada lado del portal/puerta
- Jana: Ve a un ser de pie junto a dos pilares; siente presión en la parte posterior de la cabeza
- Rob: En la parte posterior de la cabeza
- Larry: Siente que hay un ser en frente de él (mí) y tiene preguntar qué está presente

PROFETA (OFICIO) (75)

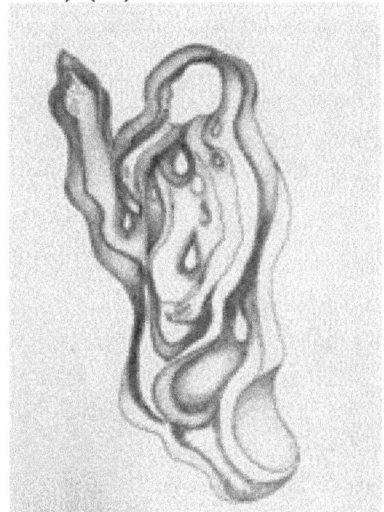

Categoría: Ser
Historia: Discernido por primera vez, a principios de la década del 2000
Definición: hebreo: *nābî'*, 'vocero', 'orador', 'profeta'[93] Griego: *profetes*, 'uno que habla abiertamente, proclamador de un mensaje divino' [94]
Escritura clave: Efesios 4:11
Observaciones: El discernimiento puede indicar el oficio o la función del profeta, y puede referirse a la profecía.
Discernimiento:
- Paul: Presión en el dedo índice de la mano derecha o izquierda.
- Jana: Siente que el río de la unción fluye a través de los ojos
- Rob: Presión en el dedo índice y pregunta si es la oficina
- Larry: Presión en el dedo índice de cualquier mano

PROFETA (DON ESPIRITUAL) (76)
Categoría: Ser
Historia: Discernido por primera vez a comienzos de los 90's
Definición: Griego: *propheteia*, significa 'hablar la mente y el consejo de Dios' [95]
Escrituras clave: Romanos 12:6, 1 Corintios. 14:1
Discernimiento:

- Paul: Como un río que parece tener rápidos fluyendo a través de los ojos de una persona; discernido desde muy atrás hacia muy adelante
- Jana: Siente presión sobre el dedo medio
- Rob: Presión en el dedo índice y pregunta si es el don espiritual

PROFUNDO (20)

Categoría: Entidad, Lugar
Categoría: Primera palabra recibida de Persis Tiner el 14 de abril del 2014
Definición: griego: *bathos* 'abismo'; 'profundidad' [26]
Escrituras clave: Efesios 3:18
Características: Parece haber una distinción entre lo profundo y la profundidad. Lo profundo parece existir debajo de la profundidad y parece estar compuesta de agua dulce, en contraposición al agua salada en la profundidad. Los científicos han encontrado una gran cantidad de agua dulce bajo el mar.
Observaciones: Parece ser que el lugar de los espíritus del agua
Discernimiento:

- Paul: Palabra de conocimiento más que sensación física
- Jana: Siente humedad; a veces escucha un sonido
- Larry: sensación de estar bajo el agua (igual que la profundidad) y pregunta que está presente
- Tobias: Ve como si estuviera debajo del nivel del suelo del océano, con o sin agua

PROFUNDIDAD (21)

Categoría: Entidad, Lugar
Historia: Discernido por primera vez en el 2008, mucha gente tuvo la sensación de un traje de buzo para profundidad, un alto nivel de humedad, y de entrar profundo en el agua
Definición: Griego *bathos* 'abismo'; 'profundidad'[27] (igual que Profundo)
Escrituras clave: Efesios 3:18
Características: Lugar del alma
Observaciones: Ha sido visto como un ser enorme
Discernimiento:

- Paul: Parte superior, parte trasera media de la cabeza; usualmente recibe una palabra de conocimiento sobre la profundidad.
- Jana: Palabra de conocimiento, puede experimentar bostezo, especialmente en relación con la otra persona.
- Larry: Sensación de estar bajo el agua (igual que la profundidad) y pregunta qué está presente.
- Tobias: Fuerte sensación en la parte trasera, como pequeños dedos trepando; se ve como neblina o una atmósfera de polvo; lo siente en ambos lados en el frente de la cabeza; ve un color rojo, como en un gráfico, pero con mucha más sustancia que un línea.

PUERTA (22)

Categoría: Entidad
Historia: La primera revelación fue en el 2011; discernido por primera vez a principios del 2016
Definición: hebreo: *delet*, puerta, hoja (de una puerta); este sustantivo se usa ochenta y seis veces en el AT y en todos los pasajes, excepto en uno, se refiere a la puerta de una casa, una habitación de la casa, un templo o las puertas de una ciudad; a veces se usa metafóricamente;[31] griego: *thura*, 'una puerta' [32]
Escrituras clave: Isaías 45:1-2, Apocalipsis 3:20, 4:1
Características:
- Las puertas pueden ser cerradas por el enemigo cuando

deberían estar abiertas.
- Las puertas pueden estar abiertas por el enemigo cuando deberían estar cerradas.
- Las puertas justas son para estar abiertas para que los portales permanezcan abiertos.
- Las estrellas y las puertas parecen estar conectadas a través de tronos.

Funciones: Aberturas en reinos dentro de las dimensiones

Observaciones: Cuando se comparan puertas y portales, es esencial mirar la palabra hebrea original en el texto; a menudo las palabras están mal traducidas.

Discernimiento:
- Paul: Siente como barras paralelas en los bordes posterior, izquierdo y derecho de la cabeza; siente estrellas al mismo tiempo
- Jana: Ve un destello azul y/o una puerta
- Rob: Dedo gordo del pie izquierdo
- Larry: Lo sabe en el espíritu y pregunta qué está presente
- Tobias: Siente una puerta fuerte sobre su corazón y sobre el lado derecho de la cabeza hacia la parte posterior; ve puertas

QUERUBÍN (15)

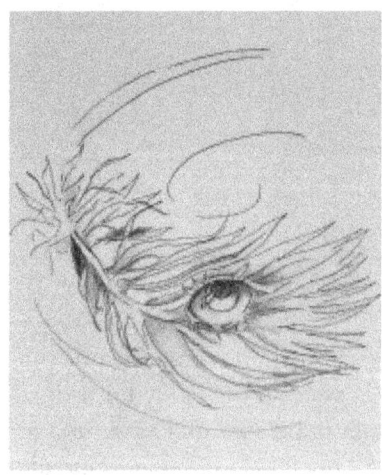

Categoría: Ser

Historia: Discernido por primer vez en 1992.

Definición: hebreo *kerub* (ker-oob'), 'querubin'[22]

Escrituras clave: Génesis 3:24; Éxodo 25:17-20, 26:1; 2 Samuel 22:10-11; 1 Reyes 6:23-29, 34-35; 1 Crónicas 28:18; 2 Crónicas 3:10-13; Salmo 18:10, 99:1; Isaías 37:16; Ezequiel 1:4-28, 10:1-22, 28:14-16; 41:17-19; 2 Corintios 11:14, Apocalipsis 4

Características:
- Criaturas vivientes que habitan en el centro del fuego en la Nube de Su presencia; la Gloria de Dios los rodea
- El viento fuerte está asociado con ellos
- Parece un hombre
- Cuatro rostros: hombre, león, buey y águila
- Tienen cuatro alas (Ezequiel), seis alas (Apocalipsis)
- Debajo de las alas hay dos manos de hombre
- Cada uno viaja derecho y no gira mientras se mueven
- Viajan a medida que el Espíritu viaja
- Parecen carbones encendidos o antorchas
- El fuego se mueve de un lado a otro entre las criaturas
- Carbones encendidos y fuego entre las ruedas
- Destellos de luz fuera del fuego
- Las ruedas al lado de cada querubín parecen crisolito. (Una gema fuerte, tal vez como el topacio, RV: berilo, NAS: piedra de Tarsis)
- Las ruedas parecen cruzarse y no giran cuando los querubines se mueven
- Las ruedas son llamadas ruedas giratorias
- Las ruedas son altas e impresionantes y llenas de ojos
- Una extensión de hielo sobre sus cabezas
- El movimiento de las alas suena como el agua que corre, la voz del Todopoderoso, el tumulto de un ejército
- El cuerpo entero - alas, espalda, manos, ruedas - cubierto de ojos
- Continuamente diciendo: "Santo, santo, santo, es el Señor Dios Todopoderoso que fue, es y ha de venir."
- Utilizado en el Arca de la Alianza y en otros lugares a través del tabernáculo / templo

Funciones:
- Guardianes que llevan el trono de Dios; Él vuela sobre ellos

- Todos podemos tener querubines personales y podemos movernos/transportarnos en ellos.

Observaciones:
- No creemos que Lucifer sea el querubín mencionado en Ezequiel 28
- Parece tener una conexión con los tronos

Discernimiento:
- Paul: Igual que los ángeles, pero se pueden sentir las cuatro cabezas girando
- Jana: Ve las ruedas y los ojos; presión sobre la cabeza
- Rob: Siente como una rueda giratoria en la parte superior de la cabeza
- Larry: reconociéndolo en el espíritu y tiene que preguntar
- Tobias: Siente fuego, girando; pueden verse de formas indistintas

RAÍCES (80)

Categoría: Entidad
Historia: Discernido por primera vez en el 2015
Definición: hebreo: *sores*, "raíz"- usado mayormente en sentido figurado en el Antiguo Testamento. Sirve como una figura natural para las partes más bajas o los cimientos de algo.[101]
Griego: *rhizoo* "que causa echar raíces", se usa metafóricamente en la voz pasiva en Ef. 3:17, estar "enraizado" en el amor [102]
Escrituras clave: Salmo 1; Proverbios 12: 3; Colosenses 2:7
Características: Parece ser la estructura fundamental del cuerpo, alma y espíritu
Discernimiento:
- Paul: Una fuerte sensación de tirón en la planta de los pies, que a menudo incluye una sensación de calambre en los pies
- Jana: Ve raíces
- Rob: Lo siente debajo de los pies

RAMA - VÉASE TAMBIÉN: VENTANAS, RED (10)

Categoría: Entidad

Historia: La revelación profética de las ramas de sanidad, comenzó en septiembre y octubre del 2012, incluyendo la vara de almendro, de granada, de pera, de manzana, de olivo, de lima, de ciruela, de durazno, de naranja (plantada en la sala de conferencias) de cerezo, de limón; el primer sueño profético fue en enero del 2015; fue discernido por primera vez en la primavera del 2015.

Definición: hebreo: ṣemaḥ, que significa brote, crecimiento o rama; treinta y dos apariciones de este verbo y otra mitad de tantas traducciones diferentes que incluyen las ideas de creciendo, brotando y germinando;[15] griego: *klema*, que significa brote o rama joven, que se rompe para ser replantada, 'caer', 'rama', específicamente 'brote de la vid'[16]

Escrituras clave: Isaías 11:1, Jeremías 23:5, Zacarías 3:8, 4:12, Juan 15:5

Características:
- Las ramas espirituales tienen la apariencia de la rama física de un árbol
- Las ramas serían una parte de los árboles de sanidad en Ezequiel 47:12 y Apocalipsis 22:2

Funciones: Parece que se conecta a una persona a través de las ventanas de la red dimensional

Observaciones: Parecen estar conectadas a los tronos; pueden sacar vida de ellos

Discernimiento:
- Paul: Igual que las puertas, pero a mitad de camino desde el centro en los lados hasta la parte superior de la cabeza (igual que los tronos y las ventanas); también una sensación de que

le tiran de la parte inferior de los pies y/o un árbol que sale de los dedos
- Jana: Ve ramas; siente una presión en la parte inferior del pie
- Rob: Presión en la parte inferior del pie
- Larry: Presión en el pie
- Tobias: Ve y luego discierne con las manos; lo siente como que está creciendo desde la cabeza; puede sentir un pulso en la parte inferior de los pies

RED (82) - VER CAMINOS DE SANTIDAD, DOMINIO

REFUGIO (79)
Categoría: Ser
Historia: Discernido por primera vez el 23 de julio del 2016
Definición: hebreo: *ḥāsâ*, 'buscar refugio'- huir por protección y en sentido figurado poner la confianza en (Dios), 'confiar'- esperanza en (Dios o una persona) [97] Griego: *katapheúgō*, 'huir'- huir a algún lugar por refugio [98]
Escrituras clave: Salmo 7:1; Hebreo 6:18
Características: Este ser se encuentra al lado de la puerta del dominio del refugio
Discernimiento:
- Paul: En el mismo lugar que los tronos y ventanas, pero efervescente, como dos barras paralelas en la parte media posterior de la cabeza de adelante hacia atrás; también una fuerte presión donde siente los ángeles
- Jana: Ve un ala grande
- Larry: Mucho calor en el vientre y tiene que preguntar qué está presente

REINO DE LA GLORIA (41)

Categoría: Dios
Historia: Discernido por primera vez el 12 de septiembre del 2015
Definición: hebreo: *kabod*, 'gloria'
Escrituras clave: Éxodo 24:16, 33:18, Mateo 25:31
Observaciones: No solo donde está Dios, sino que va a Dios como EL YO SOY; allí se siente la sanidad

Discernimiento:
- Paul: Siente como una cascada que fluye hacia adentro en la parte superior de su cabeza
- Jana: siente un campo de energía y pesadez en la parte posterior del cuello
- Rob: Dos puntos equidistantes en la parte posterior de la cabeza
- Larry: Una poderosa expansión debajo de sus pies
- Tobias: siente múltiples seres dentro del reino

RELÁMPAGOS (56)
Categoría: Entidad
Historia: Discernido por primera vez alrededor de 1994 en Apple Valley, California. En ese momento yo (Paul) no sabía lo que estaba sintiendo, pero experimenté intervalos de pulsos como presión sobre mi cabeza cerca de donde siento a los ángeles. Los pulsos regulares con intervalos de 90 segundos duraron por dos días, luego de los cuales el Señor liberó una fuerte unción que me hizo caer al suelo bajo fuertes oleadas de energía. No fue hasta el 2013, que me di cuenta de que estaba sintiendo golpes de rayos.
Definición: Hebreo: *bārāq*, 'relámpago', Griego: *astrape*, 'rayo' [68]
Escrituras clave: Salmo 18:14; Apocalipsis 4:5
Observaciones: La liberación ocurre con golpes de rayos
Discernimiento:
- Paul: La sensación no es repentina, como un rayo que cae a tierra, sino que es una fuerte presión que aumenta y disminuye gradualmente (cerca del punto del ángel)
- Jana: Ve un destello
- Rob: Siente como un rayo golpeando en la parte superior, en el lado izquierdo de la cabeza
- Larry: Ve una presencia destellante
- Tobias: escucha un sonido de alta frecuencia

RÍO DE DIOS (25)
Categoría: Entidad
Historia: Discernido por primera vez el 3 de marzo de 2017
Definición: Hebreo: *nāhār*, 'río' [99] Griego: *potamos*, 'un río, corriente, torrente' [100]

Escrituras clave: Génesis 2:10; Ezequiel 47:5-12; Ap. 21:1-2
Discernimiento:
- Paul: Lo siente fluir a través de la mitad de la cabeza de derecha a izquierda
- Jana: Siente un fluir alrededor de las piernas y lo confirma al sentirlo con la mano

ROLLO (VER LIBRO) (9) - VER TAMBIÉN: LEY

ROLLO PEQUEÑO (O LIBRO) (57)
Categoría: Entidad
Historia: Discernido por primera vez el 14 de febrero de 2016; discernido de forma independiente por Rob Gross al día siguiente.
Definición: En griego: *bibliarídion*, 'rollo pequeño o volumen', 'un rollo pequeño' [69]
Escrituras clave: Apocalipsis 10:2, 8-10
Características: Este libro, que parece ser un cilindro, es portado por el Ángel del Arco iris y parece contener ecuaciones matemáticas e información del ADN y ARN
Observaciones: Parece estar vinculado a: avivamiento, reforma, revolución; los cinco ministerios, que traerá al Cuerpo de Cristo a la unidad de la fe, al conocimiento del Hijo de Dios, y a la madurez o la plenitud de Cristo; el Mazzaroth; la escritura indica que la revelación del librito es un indicador del tiempo del fin
Discernimiento:
- Paul: Siente una sensación de algo rodando en la parte posterior de la cabeza
- Jana: Ve un rollo
- Rob: hendidura en la parte media del cuello
- Larry: ve un rollo
- Tobias: ve un libro

SABIDURÍA (107)

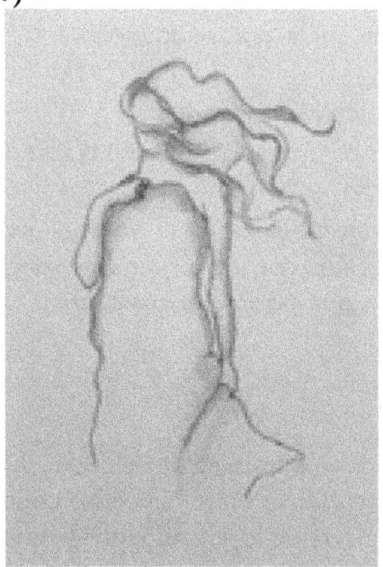

Categoría: Ser
Historia: Discernido por primera vez en diciembre del 2016
Definición: Hebreo: *chokmah,* 'sabiduría' [132]
Escrituras clave: Proverbios 8, 9
Discernimiento:
- Paul: Barras paralelas en la espalda baja; también barras paralelas en la parte posterior, de la mitad superior de la cabeza
- Jana: Palabra de conocimiento; ve los poderes de la era venidera
- Rob: En el mentón, como una barba
- Larry: Lo siente en el espíritu y pregunta qué está presente

SANIDAD (42)

Categoría: Ser
Historia: Discernido por primera vez en 1993
Definición: griego: *iama,* 'una sanidad' (el resultado del acto), usado en plural, en 1 Cor. 12:9, 28, 30[57]
Escritura clave: 1 Corintios 12: 28-30
Características: También es un don espiritual
Observaciones: Puede ser masculino o femenino
Discernimiento:

- Paul: En la palma de la mano, especialmente en la izquierda
- Jana: Ardor en la parte superior de la palma de la mano izquierda
- Rob: Fuego en las manos
- Larry: En el centro de la palma de la mano, ya sea la izquierda o a la derecha
- Tobias: Siente pesadez en el hombro izquierdo; a veces se siente como una corriente o una presencia; se ve como una persona con una especie de armadura

SANTIDAD (45)

Categoría: Ser
Historia: Discernido por primera vez el 9 de julio del 2014
Definición: hebreo: *qodesh*, 'santo'; el verbo connota el estado de lo que pertenece a la esfera de lo sagrado; por lo tanto, es distinto de lo común o profano[60] Griego *émprosthen*.
Escrituras clave: Éxodo 15:11; 2 Crónicas 31:18; Salmos 60:6, 89:35,93: 5, 108:7; Ezequiel 28:25; Romanos 1:4; 2 Corintios 1:12; 2 Corintios 7:1; Efesios 4:24; 1 Tesalonicenses 3:13; Hebreos 12:10
Características: Asociado con la sanidad, realineamiento; raíz del evangelismo
Discernimiento:
- Paul: Vibración en el lado izquierdo de la cabeza debajo de la oreja, cerca de donde siente a Jesús como el Hijo del Hombre
- Jana: Siente energía en el lado derecho, como si Jesús como Hijo del Hombre estuviera parado allí
- Larry: Una presencia abrumadora de pureza
- Tobias: Lo ve con pelo grueso, rizado y largo hasta los hombros como que está vivo y lleno de movimientos ascendentes

SELAH (84) - VER TAMBIÉN: KAIROS Y PALMONI

Categoría: Entidad, lugar
Historia: Discernido por primera vez el 28 de agosto del 2015; la mayor revelación comenzó el 13 de enero del 2016
Definición: hebreo: *selah*, una notación musical, tal vez designada como una pausa en la ejecución, que se produce más de 70 veces en los textos de los salmos [105]

Escrituras clave: Salmo 3:2, 24:10; Habacuc 3:3, 9, 13
Características: Se siente como una pausa; muy quieta, como si nada estuviera sucediendo; Palmoni está en este lugar; puede estar ubicado en el seno de la aurora; un camino hacia el tiempo y las dimensiones y parece ser la única forma de llegar a ciertos lugares celestiales
Funciones:
- Camino de escape
- Sonido de pensamiento para sanar o destruir
- Lo lleva uno a un lugar de herencia

Discernimiento:
- Paul: Efervescencia en la mitad superior de la cabeza de lado a lado
- Jana: Palabra de conocimiento

SENDA (CAMINO) (71)
Categoría: Entidad
Historia: Muchas palabras proféticas comienzan en 2008; discernido por primera vez en el invierno del 2016
Definición: hebreo: *orah* se usa de forma figurada, describiendo el camino a la vida o a la muerte. A menudo es paralelo a la palabra *derek*, 'camino', 'estilo de vida'. "Enséñame tu camino (*derek*), y guíame por senda (*ōraḥ*) de rectitud", (Salmo 27:11). "No entres por el camino de los impíos ('ōraḥ), ni vayas por el camino (derek) de los malos" (Proverbios 4:14; compare con Salmos 139:3; Proverbios 2:8, 12:28: Job 6:18; Isaías 30:11).[86]
Escrituras clave: Salmo 16:11, 119:105, 142:3; Proverbios 15:19; Isaías 35:8
Características:
- Estos parecen ser los caminos de santidad
- El versículo en la vida de Pablo de joven en la RV60 se trataba de estar en el camino que al que el Señor lo condujo
- Las sendas parecen estar dentro de una línea de la red

Observaciones: Parece ser el caminar de una persona, que es establecido por esa persona. Si el camino de una persona está de acuerdo con el Señor, entonces él/ella está caminando en el 'camino' del Señor.
Discernimiento:

- Paul: Como barras paralelas en la parte superior de la cabeza ½ en los lados hacia el frente
- Jana: Ve y siente caminos
- Rob: Como dos vías del tren en frente de la cabeza
- Larry: Sendas bajo sus pies y pregunta qué hay presente

SENDA ANTIGUA (4)

Categoría: Lugar

Historia: Las primeras palabras proféticas fueron el 11 de Noviembre del 2003; discernida por primera vez en Agosto 28, 2015

Definición: hebreo: *olam sebil olam:* 439 veces; AV la traduce como 'siempre' 272 veces, 'eterno' 63 veces, 'antiguo' 22 veces, 'perpetuo; *sebil,* 'senda' [3]

Escrituras clave: Jeremías 6:16, 18:15

Observaciones:
- Ha sido vista remontándose al Edén y al Árbol de la Vida
- Los tronos parecen cooperar con la senda antigua
- Todos los escritos de la historia y tal vez de la eternidad, se reúnen aquí
- Ríos de información fluyen a través de la senda
- La puerta de entrada a la vida en el principio cuando fuimos creados en el seno de la aurora, y los componentes de la semilla antes de la concepción pueden ser discernidos aquí.

- Colores pulsantes del arco iris; puede escoger colores en los que caminar
- Nosotros decidimos la manera de caminar, el libre albedrío es parte de la predestinación
- Los gloriosos están en el fundamento del portal
- El amor y la alegría del Señor, del Padre con respecto a Sus hijos, está aquí
- Puede ser el lugar donde los problemas de padre y madre se resuelven
- Puede ser capaz de llevar a las naciones también allí
- Las bibliotecas puede que estén ubicadas al final de las Sendas Antiguas

Discernimiento:
- Paul: parte trasera, mitad inferior de la cabeza
- Jana: Siente la presencia del Espíritu Santo; como una encrucijada en una porción de la reden la que ella puede caminar
- Larry: Siente la senda debajo de él
- Tobias: Mitad inferior de la parte posterior de la cabeza, se siente como un sendero con un río caliente de fuego atravesándolo; se manifiesta como una vestidura pesada en el brazo; ve una escritura angelical brillante, reminiscencia de runas de protección; a veces se puede leer la lengua angelical y se convierte en intérprete entre el cielo y la tierra

SENO DE LA AURORA (108)

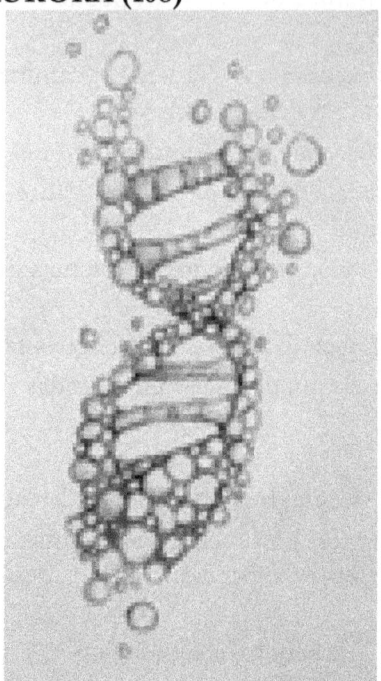

Categoría: Entidad
Historia: Discernido por primera vez el 25 de febrero del 2015
Definición: Hebreo: *rechem,* 'seno' 21 veces y 'matriz' [133] cinco veces; Griego: *mišhār,* 'amanecer' [134]
Escrituras clave: Salmo 110:3
Características: Parece ser el lugar donde se forman los espíritus conocidos como los hijos de Dios en el reino de Melquisedec
Discernimiento:
- Paul: Como una saliente en la frente.
- Jana: Ve la puesta de sol sobre el agua
- Rob: Como una sensación de una visera saliendo de la cabeza
- Larry: Palabra de conocimiento

SERAFÍN (85)

Categoría: Ser
Historia: Discernido por primera vez a principios del 2000
Definición: hebreo: *saraf*, 'serafín' significa literalmente 'el ardiente", tal vez sugiriendo que estas criaturas tenían una apariencia de fuego. En otra parte del AT el serafín se refiere a las serpientes venenosas (Números 21: 6, Deuteronomio 8:15, Isaías 14:29, 30:6). Tal vez se los llamó las ardientes debido a su apariencia o al efecto de sus picaduras venenosas, que provocaría que una víctima ardiera de fiebre. Es posible que los serafines vistos por Isaías fueran al menos parcialmente de tipo serpientes en apariencia. Aunque pueda parecer extraño que una criatura parecida a una serpiente tenga alas, dos de los textos donde los serafines son serpientes los describen como 'voladores' (Isaías 14:29; 30: 6), tal vez refiriéndose a sus movimientos rápidos. [106]
Escrituras clave: Isaías 6:1-8
Características: Adoración
Observaciones: "…serafines, cada uno con seis alas: con dos alas cubrían sus rostros, con dos cubrían sus pies, y con dos volaban. Y se llamaban unos a otros: "Santo, santo, santo, Jehová de los ejércitos; toda la tierra está llena de su gloria." Al sonido de sus voces, las puertas y los umbrales temblaron y el templo se llenó de humo." (Del pasaje de Isaías)
Discernimiento:
- Paul: Sentimiento efervescente (siente que es el fuego que sube desde los pies)
- Jana: Ve un ser delgado; siente fuego subiendo de los pies

- Rob: En la parte superior izquierda de la cabeza; puede sentir carbones de fuego ser colocados en la boca

SIETE ESPÍRITUS DE DIOS (86)

Categoría: Ser, entidad, lugar
Historia: Discernido por primera vez en el 2006
Definición: Identificado como el Espíritu del Señor y de la sabiduría, entendimiento, consejo, poder, conocimiento y temor del Señor
Escrituras clave: Isaías 11:1-2; Zacarías 3:9, 4:10; Apocalipsis 5: 6
Características: Situado en el candelero en el tabernáculo; también alrededor del trono de Dios
Funciones: Enviado a toda la tierra
Observaciones: Vinculados a los siete ojos del Señor, que se disciernen en el cuerpo, y parecen ser aquellos que los que están fuera del cristianismo los llaman puntos chakra; pueden aparecer individualmente o todos a la vez
Discernimiento:
- Paul: Siente un aumento repentino de la temperatura que se siente como un sofocón
- Jana: Los siente en un círculo y lo testea sintiendo a cada uno con las manos
- Rob: Sensación de ardor en el lado derecho
- Larry: Siente un fuego en la espalda y pregunta qué está presente

SIETE OJOS DEL SEÑOR (VER APÉNDICE 3)- VER SIETE ESPÍRITUS DE DIOS

SIETE TRUENOS (87)
Categoría: Ser
Historia: Discernido por primera vez en el 2016
Definición: hebreo: *bronte*, 'trueno', 'truenos'
Escrituras clave: Apocalipsis 10: 3-4
Características: Parecen llevar palabras proféticas para el final de los tiempos
Discernimiento:
- Paul: Dos barras paralelas en el lado izquierdo y derecho de la parte superior de la cabeza desde el centro de la cabeza a la parte posterior - igual que los pilares

SONIDO DE MUCHAS AGUAS (102)
Categoría: Dios
Historia: Discernido por primera vez a principios del 2016
Definición: En hebreo: Griego: *teléfono*, con mayor frecuencia 'una voz'; puede ser traducido como 'sonido' [124]
Escrituras clave: Ezequiel 1:24, 43:2; Apocalipsis 1:15, 14:2, 19:6
Discernimiento:
- Paul: En la parte trasera de la cabeza donde se sienten los poderes, y recibe un golpe al decir: "sonido de muchas aguas"
- Jana: Escucha lo que suena como un trillón de voces al mismo tiempo

TRONO (97) - VER TAMBIÉN: ÁNGEL DEL ARCO IRIS, SIETE TRUENOS, ALTURA

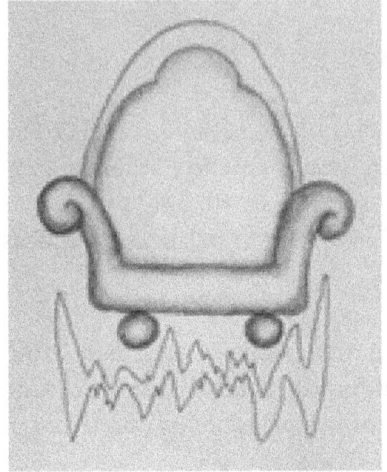

Categoría: Ser
Historia: Discernido por primera vez el 20 de septiembre del 2015
Definición: griego: *Thronos,* 'un trono', 'un asiento de autoridad' [118]
Escrituras clave: Colosenses 1:16
Características:
- Seres muy grandes, tal vez más grandes que el querubín
- No parecen ser tronos en los que nos sentamos, sino tronos que están alineados con nosotros
- Parecen estar atados a la mayoría, sino a todos, los seres
- Los siete truenos parecen estar ubicados debajo de los tronos
- Ligados a gobernar y reinar en la altura
- Parecen conectados por sonido a los tronos de Dios
- Parecen tener una conexión con la sanidad
- Parecen estar ubicados en el lugar del reposo del Señor
- Ligado a la riqueza
- Puede activar dones
- Parece ser la fuente de poder bajo la Trinidad para muchos seres espirituales y actividades
- Hay un escalón superior que parece ser los principales operadores que controlan el flujo de poder hacia otros tronos y otros seres espirituales

Funciones: Liberar la poderosa presencia del Señor
Observaciones:

- Parece que nuestros dones espirituales, unciones, llamamientos necesitan estar conectados a los tronos para funcionar, en cuyo caso lo que llamamos 'activación' puede ser cuando nuestros dones son conectados a los tronos
- También puede ser como el mal usa nuestros dones dados por Dios/unciones / llamados, ya sea conectándolos o haciendo que nosotros los conectemos a los tronos caídos.

Discernimiento:
- Paul: En la parte superior de la cabeza en ambos lados, como barras paralelas desde a la parte trasera
- Jana: Presión en ambos lados de la parte superior de la cabeza
- Rob: Presión en la parte media, superior de la cabeza
- Larry: Un gran poder y pregunta qué está presente

TORBELLINO (104)

Categoría: Entidad

Historia: Las primeras palabras proféticas fueron el 14 de marzo del 2005; discernido por primera vez el 17 de octubre del 2014, en Kaneohe, Hawái

Definición: hebreo: *searah*, 'tempestad', 'viento tormentoso',[126] *saar*, 'barrer o girar', 'tormenta', 'barrerlos', 'tempestuoso', 'alejarlo',[127] *suphah*, 'viento tormentoso', 'vendaval', 'tormenta', 'tempestad', 'torbellino', 'vendavales' [128] Griego: *thuella*, 'huracán', 'ciclón', 'torbellino' [129]

Escrituras clave: 2 Reyes 2:1-11; Job 38:1; Proverbios 1:27; Isaías 29:6; Oseas 8:7; Nahum 1:3; Hebreos 12:18

Discernimiento:
- Movimiento circular en la cabeza en un movimiento de derecha a izquierda; también lo siente alrededor al poner su mano en frente
- Jana: Ve y siente un torbellino
- Rob: Siente un torbellino por encima de la cabeza
- Larry: Ve y siente torbellinos

TUBOS DE ORO (40)

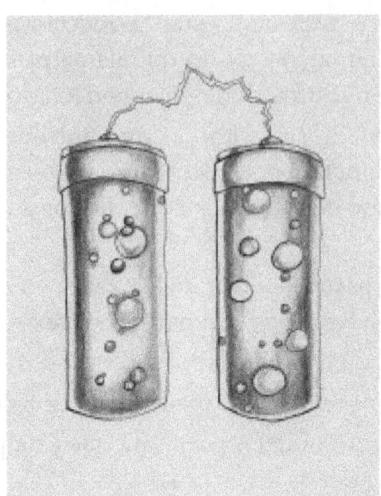

Categoría: Ser
Historia: Discernido por primera vez el 17 de octubre del 2014, en Kaneohe, Hawái; una mujer había venido por oración y más tarde informó que sus caderas y sus nudillos habían sido sanados; el poder de Dios fue muy intenso.
Definición: hebreo: *zāhāb*, oro; *ṣantĕrôt*, tubos
Escrituras clave: Zacarías 4:12, correctamente traducido como, "¿Quiénes son estas dos ramas de los olivos que están en las manos de los dos prensadores de oro, quienes vierten de sí (los olivos) aceite como oro?"
Funciones: Parecen funcionar como transductores, dispositivos que convierten una forma de energía (sonido, temperatura, luz, etc.) en una señal eléctrica (voltaje, corriente, etc.); hemos notado que cuando los tubos se disciernen y funcionan, la liberación se intensifica
Observaciones: conectados a los tronos
Discernimiento:
- Paul: Siente como barras verticales paralelas en la parte posterior de su cabeza; a menudo una intensa sensación de ardor
- Jana: Los ve
- Rob: En la parte posterior de la cabeza
- Larry: Como Paul, con un calor intenso
- Tobias: Los ve tal como se describen; los siente como si

estuvieran hirviendo

TUMIM (101) – VER TAMBIÉN URIM Y TUMIM

UN SANTO (69) - VER TAMBIÉN: PALMONI

URIM Y TUMIM (101)
Categoría: Entidad
Historia: Discernido por primera vez en mayo del 2014
Definición: *Urim* y *Tumim* son dos palabras hebreas sin traducir que podrían significar 'luces y perfecciones.' Se refieren a algún tipo de piedras o fichas que los antiguos sumos sacerdotes de Israel usaron para descubrir la voluntad de Dios [123]
Escrituras clave: Éxodo 28:30,
Características: El Urim y Tumim se usaron en relación con el pectoral del juicio usado por el sumo sacerdote en el antiguo Israel, y fueron colocadas en el pectoral, tal vez en una bolsa o bolsillo
Funciones: determinar la voluntad del Señor
Observaciones: Los autores ahora creen que los sumos sacerdotes podían discernir una respuesta de sí o no con su mano, colocándola sobre Urim o Tumim, y de esta manera consultarían con el Señor.
Discernimiento:
- Paul: Lo sintió en el pecho, con Urim a la izquierda y Tumim a la derecha; un golpe a la izquierda indica que la respuesta del Señor es sí, y un golpe a la derecha significa no
- Jana: Siente a Urim en el pecho derecho y a Tumim en el pecho izquierdo
- Rob: Siente a Urim a la derecha y a Tumim a la izquierda
- Larry: Igual que Paul

VENTANA (S) (106)
Categoría: Entidad
Historia: La primera vez que pensé en ellas fue en mi cumpleaños después de un sueño el 12 de enero del 2015; discernida por primera vez el 23 de febrero del 2016
Definición: hebreo: 'ărūbâ, ('ărūbâ), 'ventana', 'chimenea', 'compuerta'. Dos veces la palabra es usada para describir una de las dos fuentes de las aguas en el diluvio (Gen 7:11; 8:2). Además de la

lluvia desde arriba, también había una fuente auxiliar, 'las fuentes de las grandes profundidades', es decir, agua subterránea. La frase 'ventanas del cielo', en el contexto del diluvio, se encuentra en algunas de las traducciones bíblicas más recientes traducidas como 'esclusas' ('compuertas' en la NVI). No hay razón para no creer que el escritor en Génesis al usar la frase 'ventana de los cielos' era muy consciente de su propio lenguaje figurado para describir un aguacero torrencial. Si Dios canaliza las aguas del juicio y la limpieza a través de estas ventanas, Él también envía su bendición a través de estas mismas ventanas (Mal 3:10). De manera similar, compare 2 Reyes 7:2, 19 donde Eliseo hizo predicciones de una increíble reducción en el precio de los alimentos, para gran incredulidad del escudero del rey. Por lo tanto, tales aperturas son el medio de la limpieza de Dios o su bendición. Dos usos únicos de *'ărūbâ* son (1) ventana, en el sentido de una 'chimenea' a través de la cual pasa el humo (Oseas 3:13), y (2) la pequeña abertura en un palomar (Is 60:8). La referencia a 'se oscurecerán los que miran por las ventanas' (Ec 12: 3) probablemente no es una referencia poética a los ojos que se oscurecen con la vejez, sino a alguna práctica fúnebre (Dahood), o a algún desastre de naturaleza no identificada (Aserrador). [131]

Escrituras clave: 2 Reyes 7:2, 7:19; Cantar de los Cantares 2:9; Joel 2:9; Malaquías 3:10

Características: Parece tener ramas que atraviesan y se conectan a la persona y los portales y puertas en la red; en el mismo lugar que los tronos

Observaciones:

- Las ventanas femeninas parecen estar en el lado izquierdo del cuerpo; la ventana (s) masculina (s) en el lado derecho
- Parecen activarse al atardecer
- Nota del 6 de junio del 2014: Cantar de los Cantares 2:9, "Mirando a través de la ventana, mirando a través del enrejado." Las ventanas y los enrejados son diferentes de las puertas.

Discernimiento:

- Paul: Dos barras paralelas en los dos lados de la cabeza, comenzando a la mitad del camino de la parte posterior de la cabeza
- Jana: Ve una ventana en un marco
- Larry: Ve una ventana en su espíritu

VERDAD (100)
Categoría: Ser
Historia: Discernido por primera vez el 3 de julio del 2016
Definición: hebreo: *emet*, en el corazón del significado de la raíz está la idea de certeza y esto se confirma con la definición de fe del NT que se encuentra en Heb 11: 1 [121]; Griego: *aletheia*, 'verdad', es usado objetivamente, significando 'la realidad que yace en la base de una apariencia; la esencia manifiesta y verdadera de un asunto' [122]
Escrituras clave: Salmo 108:4; Juan 8:32
Discernimiento:
- Paul: Punto de presión justo donde se siente al Hijo del Hombre, y justo por encima de la rectitud y la justicia
- Rob: Ligeramente por encima del oído izquierdo
- Larry: Lo sabe en el espíritu

VIGILANTE (103)
Categoría: Ser
Historia: Discernido por primera vez el 6 de mayo del 2012
Definición: Hebreo: *'ir'*, 'velar', 'vigilante' [125]
Escrituras clave: Job 13:27; Cantar de los Cantares 5:7; Daniel 4: 3,17, 8:13
Características:
- Se paran en los muros, para que puedan pararse en las líneas de la red; justos o impíos
- Parecen ser como centinelas
- Parece ser el brazo ejecutor de la rama judicial (como mariscales)
- Seres extremadamente grandes que parecen humanoides

Funciones:
- Reportan el tiempo; los justos velan sobre la cosecha, así que los impíos bloquean el evangelismo; los justos protegen del mal, y los impíos permiten la destrucción desde adentro; una especie de santo; parecen estar sobre el nivel celular

Observaciones:
- Los videntes informan que los vigilantes justos se parecen más a los soldados y los impíos parecen políticos corruptos

- A menudo llamados centinelas o guardianes por aquellos que los ven
- Muchos de los que miran el libro de Enoc creen que los observadores son lo mismo que los hijos de Dios y lo mismo que los ángeles, pero los autores creen que los observadores son un ser espiritual único.

Discernimiento:
- Paul: Siente una fuerte sensación de ardor en la parte posterior de la cabeza
- Rob: En la parte posterior de la cabeza
- Larry: Ve ojos observadores en el espíritu y pregunta qué está presente

YO SOY (25) - VER TAMBIÉN: ZARZA ARDIENTE, ETERNIDAD

ZARZA ARDIENTE (25) - VEA ETERNIDAD, YO SOY

ZODÍACO (62) – VER MAZZAROTH

[1] Harris, R. L., Archer, G. L., Jr., & Waltke, B. K. (Eds.). (1999). *Libro de texto teológico del Antiguo Testamento* (ed. electrónica ed., p. 1056). Chicago: Moody Press.

[2] http://biblehub.net/searchstrongs.php?q=angel

[3] Strong, J. (1995). *Enhanced Strong's Lexicon*. Woodside Bible Fellowship.

[4] Vine, W. E., Unger, M. F., & White, W., Jr. (1996). *Vine Diccionario Expositivo Completo de Palabras del Antiguo y Nuevo Testamento* (Vol. 2, p. 30). Nashville, TN: T. Nelson.

[5] http://biblehub.com/greek/743.htm

[6] Vine, Unger & White, 37-38.

[7] Ídem, p. 79.

[8] Ídem, p. 369.

[9] http://biblehub.com/greek/1849.htm

[10] *Léxico Griego-inglés de Arendt y Gingrich*

[11] *Diccionario de Teología del Nuevo Testamento*

[12] http://www.merriam-webster.com/dictionary/authority

[13] Vine, Unger & White, 45.

[14] Ídem.

[15] Kaiser, W. C. (1999). 1928 צָמַח. R. L. Harris, G. L. Archer Jr., & B. K. Waltke (Eds.), *Libro de Ejercicios Teólogicos del Antiguo Testamento* (ed. electrónica ed., p. 769). Chicago: Moody Press.

[16] Kittel, G., Bromiley, G. W., & Friedrich, G. (Eds.). (1964–) *Diccionario Teológico del Nuevo Testamento* (ed. electrónica, Vol. 3, p. 757). Grand Rapids, MI: Eerdmans.

[17] Mccomiskey, T. E. (1999). 83 אִישׁ. R. L. Harris, G. L. Archer Jr., & B. K. Waltke (Eds.), *Libro de Ejercicios Teólogicos del Antiguo Testamento* (ed. electrónica, p. 38). Chicago: Moody Press.

[18] Alden, R. (1999). 1349 נחשׁ. R. L. Harris, G. L. Archer Jr., & B. K. Waltke (Eds.), *Libro de Ejercicios Teólogicos del Antiguo Testamento* (ed. electrónica, p. 572). Chicago: Moody Press.

[19] Cohen, G. G. (1999). 2295 שָׁרַר. R. L. Harris, G. L. Archer Jr., & B. K. Waltke (Eds.), *Libro de Ejercicios Teólogicos del Antiguo Testamento* (ed. electrónica, p. 884). Chicago: Moody Press.

[20] Hartley, J. E. (1999). 1865 צָבָא. R. L. Harris, G. L. Archer Jr., & B. K. Waltke (Eds.), *Libro de Ejercicios Teólogico del Antiguo Testamento* (ed. electrónica, p. 750). Chicago: Moody Press.

[21] Strong.

[22] http://biblehub.com/hebrew/3742.htm

[23] Vine, Unger & White, 107.

[24] Ídem, p. 680.

[25] Vine, Unger, & White, 218.

[26] Ídem, 154.

[27] Ídem.

[28] Ídem.

[29] http://www.merriam-webster.com/dictionary/grid

[30] *American Heritage Talking Dictionary*. Copyright 1997. The Learning Company, Inc.

[31] Hamilton, V. P. (1999). 431 דָּלָה. R. L. Harris, G. L. Archer Jr., & B. K. Waltke (Eds.), *Libro de texto Teologico del Antiguo Testamento* (electrónico ed., p. 189). Chicago: Moody Press.

[32] Vine, Unger & White, Vol. 2, p. 180.

[33] Strong.

[34] Strong.

[35] *Vines Diccionario Expositivo Copyright* (C) 1985, Thomas Nelson Publishers

[36] Strong.

[37] Vine, Unger, & White, 19.

[38] Ídem, 208.

[39] Ídem, 110.

[40] Ídem, 2.

[41] Zodhiates, S. (2000). *El diccionario completo de estudio de palabras:* Nuevo Testamento (ed. electrónica). Chattanooga, TN: AMG Publishers.

[42] Strong

[43] Youngblood, R. F. (1999). 2526 תַּנּוּר. R. L. Harris, G. L. Archer Jr., & B. K. Waltke (Eds.), *Libro de Ejercicios Teológico del Antiguo Testamento* (ed. electrónica, p. 974). Chicago: Moody Press.

[44] Hartley, 777.

[45] Strong.

[46] http://biblehub.com/hebrew/1403.htm

[47] http://www.biblestudytools.com/dictionary/gabriel/

[48] Austel, H. J. (1999). 2437 שער. R. L. Harris, G. L. Archer Jr., & B. K. Waltke (Eds.), *Libro de Ejercicios Teólogico del Antiguo Testamento* (ed. electrónica, p. 945). Chicago: Moody Press.

[49] Vine, Unger & White, 261.

[50] Elwell, W. A., & Comfort, P. W. (2001). En *Diccionario Bíblico Tyndale*. Wheaton, IL: Tyndale House Publishers.

[51] Zodhiates

[52] Vine, Unger, & White

[53] Thomas, R. L. (1998). *Nuevo diccionario Americano Stándar Hebreo-Arameo y Griego, edición actualizada*. Anaheim: Foundation Publication, Inc.

[54] Vine, Unger, & White, 169.

[55] http://biblehub.com/hebrew/2091.htm

[56] http://biblehub.com/hebrew/1543.htm

[57] Vine, Unger & White, 295.

[58] Zodhiates

[59] Wolf, H. (1999). 453 דֶּרֶךְ. R. L. Harris, G. L. Archer Jr., & B. K. Waltke (Eds.), *Libro de Ejercicios Teológico del Antiguo Testamento* (ed. electrónica, p.196). Chicago: Moody Press.

[60] Mccomiskey, 786.

[61] http://biblehub.com/hebrew/1706.htm

[62] Harris, Archer, & Waltke

[63] Vine, Unger & White, Vol. 2, p. 449.

[64] Strong.

[65] Vine, Unger & White, Vol. 2, p. 354.

[66] Ídem, Vol. 2, p. 386.

[67] Zodhiates

[68] Vine, Unger & White, Vol. 2, p. 371.

[69] Zodhiates

[70] Vine, Unger & White, Vol. 2, p. 374.

[71] www.Dictionary.com

[72] Thomas

[73] Kaiser, Harris, Archer & Waltke

[74] Vine, Unger & White, Vol. 2, p. 394.

[75] Harris, Archer & Waltke, 498.

[76] Kittel, Bromiley, & Friedrich, 913. Es la opinion del autor que Kosmokratoros es lo miso que Mazzaroth.

[77] http://biblehub.com/hebrew/8269.htm

[78] Culver, R. D. (1999). 1199 מֶלֶךְ. R. L. Harris, G. L. Archer Jr., & B. K. Waltke (Eds.), *Libro de Ejercicios Teológico del Antiguo Testamento* (ed. electrónica, p. 507). Chicago: Moody Press.

[79] Vine, Unger & White, Vol. 2, 117.

[80] Hartley, 764.

[81] Vine, Unger & White, Vol. 2, 450.

[82] Kalland, E. S. (1999). 399 דָּבָר. R. L. Harris, G. L. Archer Jr., & B. K. Waltke (Eds.), *Libro de Ejercicios Teológico del Antiguo Testamento* (ed. electrónica). Chicago: Moody Press.

[83] Vine, Unger & White, Vol. 2, 450.

[84] *Cosmic Codes*, Chuck Missler, p. 281.

[85] Vine, Unger & White, Vol. 2, 462.

[86] Hamilton, 71.

[87] Allen, R. B. (1999). 1637 עָמַד. R. L. Harris, G. L. Archer Jr., & B. K. Waltke (Eds.), *Libro de Ejercicios Teológico del Antiguo Testamento* (ed. electrónica, p. 673). Chicago: Moody Press.

[88] Zodhiates

[89] Strong

[90] NVRV

[91] Vine, Unger & White, Vol. 2, 2.

[92] Ídem, 19.

[93] Culver, 544

[94] Vine, Unger & White, Vol. 2, 493.

[95] Ídem, 492.

[96] Ídem, 505.

[97] Wiseman, D. J. (1999). 700 חָסָה. R. L. Harris, G. L. Archer Jr., & B. K. Waltke (Eds.), *Libro de Ejercicios Teológico del Antiguo Testamento* (ed. electrónica, p. 307). Chicago: Moody Press.

[98] Zodhiates

[99] Harris

[100] Vine, Unger & White, Vol. 2, 243.

[101] Austel, 957.

[102] Vine, Unger & White, Vol. 2, 539.

[103] Thomas

[104] Vine, Unger & White, Vol. 2, 551.

[105] Elwell & Comfort.

[106] (Biblical Studies Press. (2006). La Biblia NET Primera Edición Notas (Is 6:2). Biblical Studies Press.

[107] Vine, Unger & White, Vol. 2, 571.

[108] Weber, C. P. (1999). 592 חָבַל. R. L. Harris, G. L. Archer Jr., & B. K. Waltke (Eds.), *Libro de Ejercicios Teológico del Antiguo Testamento* (ed. electrónica, p. 258). Chicago: Moody Press.

[109] Vine, Unger & White, Vol. 2, 99.

[110] Ídem, 388.

[111] https://en.wikipedia.org/wiki/Sons_of_God

[112] Vine, Unger & White, 180.

[113] Hartley, 940.

[114] Stigers, H. G. (1999). 1879 צָדְק. R. L. Harris, G. L. Archer Jr., & B. K. Waltke (Eds.), *Libro de Ejercicios Teológico del Antiguo Testamento* (ed. electrónica, p. 752). Chicago: Moody Press.

[115] Thomas

[116] Vine, Unger & White, 180.

[117] Ídem, 619.

[118] Ídem, 631.

[119] Ídem, 636.

[120] Ídem, 26.

[121] Scott, J. B. (1999). 116 אָמַן. R. L. Harris, G. L. Archer Jr., & B. K. Waltke (Eds.), *Libro de Ejercicios Teológico del Antiguo Testamento* (ed. electrónica, p. 51). Chicago: Moody Press.

[122] Vine, Unger & White, 645.

[123] Elwell & Comfort

[124] Vine, Unger & White, 589.

[125] Ídem.

[126] Thomas

[127] Ídem.
[128] Ídem.
[129] Vine, Unger & White, 621.
[130] Zodhiates
[131] Hamilton, 68–69.
[132] Strong
[133] Strong
[134] Hamilton, 917.
[135] Vine, Unger & White, 10.
[136] Ídem, 367.

MAPEO DEL DISCERNIMIENTO

CLAVE:

1. Anciano de Días
2. Ángel
3. Ángel del Señor, Columna de Fuego
4. Senda Antigua
5. Apóstol (Oficio)
5A. Arcángel
6. Armadura de Luz, Gloria Radiante
7. Autoridades
8. Autoridad
9. Libro, Rollo
10. Rama
11. Ángel de Irrumpimiento /Unción
12. Hombre de Bronce
13. Capitán/Príncipe del Ejército
14. Carro(s) de Fuego
15. Querubín
16. Cromosoma
17. Nube
18. Nube de Testigos
19. Consejo del Señor
20. Profundo
21. Profundidad
22. Puerta, Portal
23. Anciano
24. Espíritu Elemental
25. Zarza ardiente, Eternidad, Yo SOY, Río de Dios
26. Evangelista (Oficio)
27. León de Judá
28. Ánimo, Exhortación
29. Padre como Poder
30. Femineidad
31. Piedras Ardientes
32. Horno
33. Gabriel
34. Dominio, Muros
35. Guardián, Portero
36. Dar
37. Gloriosos
38. Gloria de Dios, Cuernos
39. Cuenco de Oro
40. Tubos de Oro
41. Reino de la Gloria
42. Sanidad
43. Altura
44. Caminos de Santidad, Líneas Ley
45. Santidad
46. Espíritu Santo
47. Miel
48. Caballo
49. Ejército
50. JEHOVAH JIREH
51. Kairos
52. Ley
53. Líder

54	Longitud	85	Serafín
55	Biblioteca	86	Siete Espíritus de Dios
56	Relámpagos		
57	Rollo Pequeño	87	Siete Truenos
58	Palabra Viva	88	Escudo de la Fe
59	Majestad	89	Cordón de Plata
60	Masculinidad	90	Hijo de Hombre
61	Matrimonio	91	Hijo(s) de Dios
62	Mazzaroth	92	Fuerzas Espirituales
63	Miguel	93	Estrella, Estrella de la Mañana
64	Melquisedec		
65	Misericordia	94	Sol de Justicia
66	Monte de Sion	95	Maestro (Oficio)
67	Olivos	96	Maestro (Don Espiritual)
68	Orden de Melquisedec		
		97	Trono
69	Un Santo, Palmoni,	98	Lenguas
70	Pastor (Oficio)	99	Lenguas Angelicales
71	Senda (camino)	100	Verdad
72	Pilar	101	Urim y Tumim
73	Estanque de Betesda	102	Sonido de Muchas Aguas
74	Poder, Poderes del Siglo Venidero, Árbol de la Vida, Lámpara		
		103	Vigilante
		104	Torbellino
75	Profeta (Oficio)	105	Anchura
76	Profeta (Don Espiritual)	106	Ventana(s)
		107	Sabiduría
77	Ángel del Arco iris	108	Seno de la Aurora
78	Fuego Refinador	109	Palabra de Vida
79	Refugio		
80	Raíces		
81	Gobernante		
82	Red		
83	Escriba		
84	Selah		

FRENTE DE LA CABEZA DE PAUL

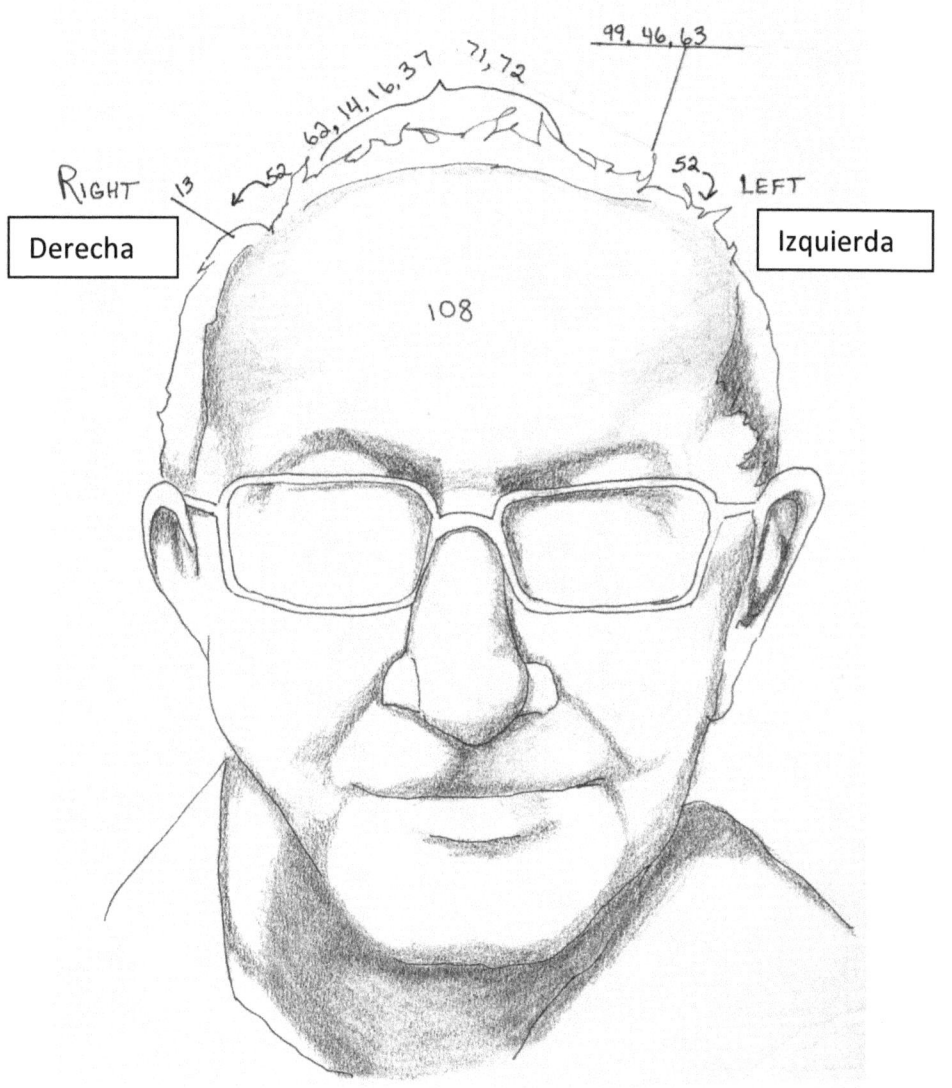

PARTE TRASERA DE LA CABEZA DE PAUL

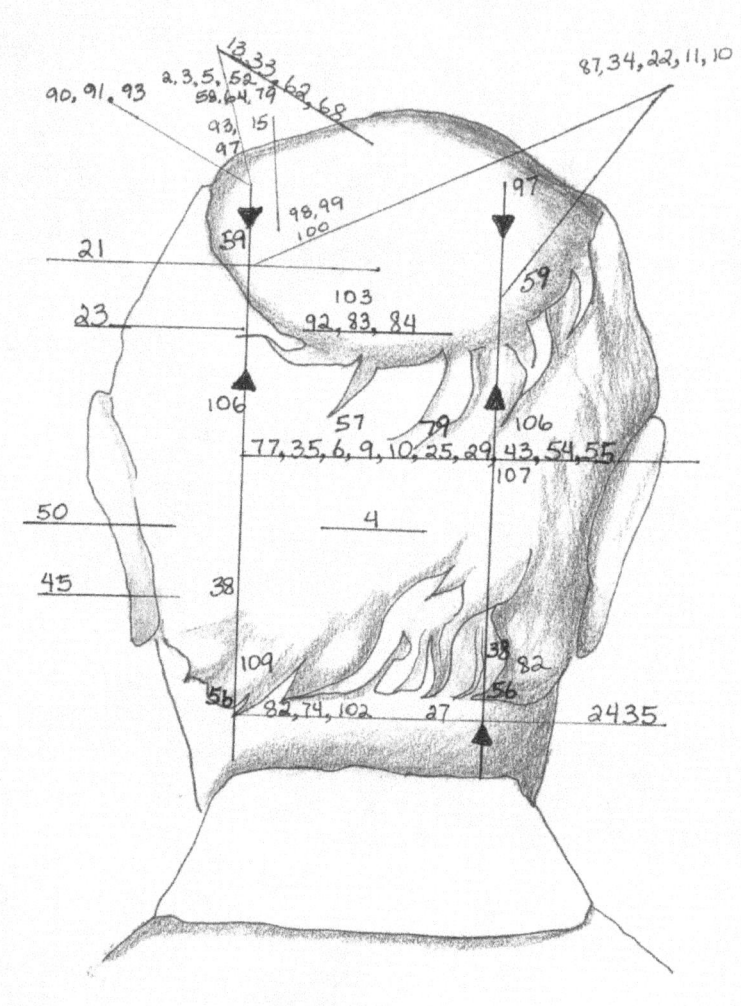

PARTE SUPERIOR DE LA CABEZA DE PAUL

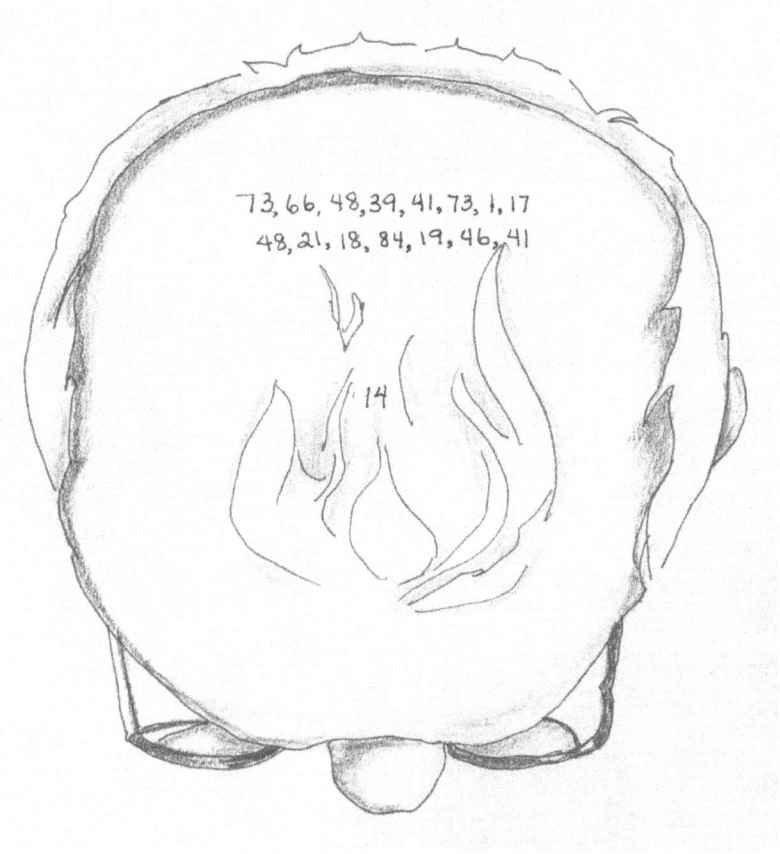

APÉNDICE 1: TABLA DE CATEGORÍAS

Entrada	Dios	Ser	Entidad	Lugar
Altura (43)		x		x
Anchura (105)			x	x
Anciano (23)		x		
Anciano de Días (1)	x			
Ángel (2)		x		
Ángel de Irrumpimiento/Unción (11)		x		
Ángel del Arco Iris (77)		x		
Ángel del Señor (3)		x		
Ánimo (28)		x		
Apóstol (Oficio) (5)		x		
Árbol de la Vida (74)		x		
Arcángel (5a)		x		
Armadura de Luz (6)	x			
Autoridad (8)		x		
Autoridades (7)		x		
Biblioteca (55)			x	x
Caballo (48)		x		
Caminos de Santidad (44)			x	
Capitán/Príncipe del Ejército (13)		x		
Carro(s) de Fuego (14)		x		
Cierto Santo (69)		x		
Columna (72)		x		
Columna de Fuego (3)		x		
Consejo del Señor (19)				x
Cordón de Plata (89)			x	
Cromosoma (16)			x	
Cuenco de Oro (39)			x	

Entrada	Dios	Ser	Entidad	Lugar
Cuernos (38)		x		
Dar (36)		x		
Dominio (34)		x		
Dominio/Muros (34)			x	
Ejército (49)		x		
Escriba (83)		x		
Escudo de la Fe (88)			x	
Espíritu Elemental (24)			x	
Espíritu Santo (46)	x			
Estanque de Betesda (73)			x	
Estrella (93)		x		
Estrella de la Mañana (93)		x		
Eternidad/Zarza Ardiente/YO SOY (25)	x			
Evangelista (Oficio) (26)		x		
Exhortación (28)		x		
Femineidad (30)	x	x	x	x
Fuego Refinador (78)		x		
Fuerzas Espirituales (92)		x		
Gabriel (33)		x		
Gloria de Dios (38)	x			
Gloria Radiante (6)	x			
Gloriosos (37)		x		
Gobernante (81)		x		
Guardián (35)		x		
Hijo de Hombre (90)	x			
Hijo(s) de Dios (91)		x		
Hombre de Bronce (12)		x		
Horno (32)		x		
JEHOVAH JIREH (50)	x			
Kairos (51)		x		
Lámpara (74)			x	
Lenguas (98)		x		
Lenguas Angelicales (99)		x		

119

Entrada	Dios	Ser	Entidad	Lugar
León de Judá (27)	x			
Ley (52)		x		
Libro (9)			x	
Líder (53)		x		
Líneas Ley (44)			x	
Longitud (54)			x	x
Maestro (Don Espiritual) (96)		x		
Maestro (Oficio) (95)		x		
Majestad (59)			x	x
Masculinidad (60)	x	x	x	x
Matrimonio (61)			x	
Mazzaroth (62)		x		
Melquisedec (64)	x			
Miel (47)			x	
Miguel (63)		x		
Misericordia (65)		x		
Monte de Sion (66)			x	x
Muros (34)			x	x
Nube (17)			x	
Nube de Testigos (18)				x
Olivos (67)		x		
Orden de Melquisedec (68)	x			x
Padre como Poder (29)	x			
Palabra de Vida (109)	x			
Palabra Viva (58)			x	
Pastor (Oficio) (70)		x		
Piedras Ardientes (31)			x	
Poder/Lámpara (74)		x		
Poderes del Siglo Venidero (74)	x			
Profeta (Don Espiritual) (76)		x		
Profeta (Oficio) (75)		x		
Profundidad (21)			x	x
Profundo (20)			x	x

Entrada	Dios	Ser	Entidad	Lugar
Puerta/Portal (22)			x	
Querubín (15)		x		
Raíces (80)			x	
Rama (10)			x	
Red (82)				x
Refugio (79)		x		
Reino de la Gloria (41)	x			
Relámpagos (56)			x	
Río de Dios (25)			x	x
Rollo (9)			x	
Rollo Pequeño (57)			x	
Sabiduría (107)		x		
Sanidad (42)		x		x
Santidad (45)		x		
Selah (84)		x		
Senda (Camino) (71)			x	
Senda Antigua (4)				x
Seno de la Aurora (108)			x	x
Serafín (85)		x		
Siete Espíritus de Dios (86)		x		x
Siete Ojos del Señor (Ver Apéndice 4)		x		x
Siete Truenos (87)		x		
Sol de Justicia (94)		x		
Sonido de Muchas Aguas (102)	x			
Torbellino (104)			x	
Trono (97)		x		
Tubos de Oro (40)		x		
Tumim (101)			x	
Un Santo/Palmoni (69)		x		
Urim y Tumim (101)			x	
Ventana (s) (106)			x	
Verdad (100)		x		
Vigilante (103)		x		

Entrada	Dios	Ser	Entidad	Lugar
YO SOY (25)	x			
Zarza Ardiente (25)	x		x	
Zodiaco (62)		x		

APÉNDICE 2: OBSERVACIONES DEL DISCERNIMIENTO

MAL:

1. Cualquier discernimiento del mal puede experimentarse de la misma manera que algo que es justo, la diferencia está en que el discernimiento del 'mal' ocurre simultáneamente. Por ejemplo, si un poder se discierne simultáneamente con el mal, entonces sería un poder impío en lugar de uno justo.
2. A veces el mal (es decir, la brujería) puede sentirse como náuseas, somnolencia, incapacidad para enfocarse. O bien, se puede oler como un olor terriblemente desagradable.
3. El chisme se siente como telarañas en los pies (Paul); en el mentón o la mandíbula inferior (Rob); siente dolores agudos en la espalda con respecto a la persona atacada y también como telarañas alrededor de los pies (Jana).
4. Paul siente dolor en el área supra-púbica cuando discierne a Jezabel.

DISCERNIENDO POR MEDIO DEL SENTIR CON LAS MANOS:

1. A veces se manifiestan objetos y necesitan ser discernidos. Estos pueden incluir cosas como espadas, pergaminos/libros, jarrones de aceite, cetros, mantos, varas, etc. Podemos saber que hay algo allí a través de una palabra de conocimiento o del discernimiento parcial, como sentir que algo pesado ha sido colocado en la mano de uno. O algo se puede ver, como un portal, pero no claramente. En estos casos, los sentimos con las manos, como lo haría una persona ciega o como alguien tanteando en la oscuridad para descubrir qué es eso.
2. Seres / entidades / lugares a veces también se pueden discernir sintiéndolos.
    a. Por ejemplo, un ángel puede manifestarse y moviendo la mano hacia donde se sabe que está, se puede identificar una sensación corporal específica.
    b. Esta técnica es muy útil para aprender cómo discernir, porque cuando la mano está 'en el ángel', la manera de discernir

puede percibirse en el cuerpo de otra manera también y/o en lugar de sentirlo con la mano.

    c. A veces, la ubicación se siente como una ligera presión o pesadez en el aire, o como un hormigueo en las manos.

3. Discernir con otros sentidos en lugar del tacto requiere práctica a medida que uno aprende a comprender lo que cada sensación indica:

    a. Oír - cosas como estrellas, santos que cantan, ángeles que hablan en lenguas, cambios en la red y notas musicales o tonos que producen sonidos comunes

    b. Ver - visiones de varios tipos, sueños

    c. Oler - las personas regularmente reportar varios olores que indican cosas justas e impías. Los olores comunes incluyen aromas como flores, perfume, incienso, humo, pan fresco, etc. Olores malignos: azufre, humo de cigarrillo; pobreza como olor a basura; demoníaco como algo muerto.

    d. Gustar - puede degustar un alimento especifico o sabor; puede ser agrio, dulce, amargo, etc.

APÉNDICE 3: SIETE OJOS DEL SEÑOR

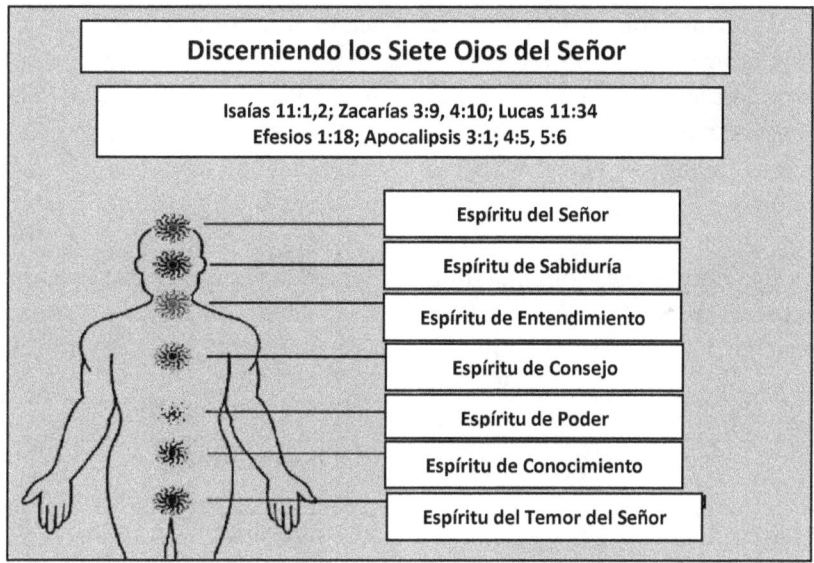

Si esto fuera a color, los siete ojos estarían indicados por los colores del arco iris:

- Violeta   Espíritu del Señor
- Índigo   Espíritu de Sabiduría
- Azul   Espíritu de Entendimiento
- Verde   Espíritu de Consejo
- Amarillo   Espíritu de Poder
- Naranja   Espíritu de Conocimiento
- Rojo   Espíritu del Temor del Señor

APÉNDICE 4: DISCERNIMIENTO DE LAS ENFERMEDADES

El discernimiento a menudo es una herramienta que el Señor nos da para entender cómo orar por sanidad en los demás. Cuando ocurre el discernimiento, puede haber alguien en las inmediaciones que Dios quiera sanar. Para una discusión completa de los milagros de sanidad, vea *Explorando los Lugares Celestiales*, Volumen 6: *Milagros en la Montaña del Señor*

La siguiente lista es solo una muestra, y no debe considerarse una lista exhaustiva, sino que se ofrece para animar al lector a tomar conciencia y comenzar a utilizar el discernimiento con la oración de sanidad.

Enfermedad	Discernimiento
Lesión en el tobillo	Sensación con dolor en el tobillo
Asma	Sensación justo debajo de la clavícula
Artritis, Tendinitis, Bursitis, etc.	Sensación dolorosa en el codo
Problemas de Espalda	Sensación en la espalda / columna vertebral
Cáncer de Pecho	Sensación a través del pecho o corazón
Problemas en la Clavícula	Sensación en la clavícula (Nota: la clavícula también puede referirse a la unidad)
Diabetes	Sensación sobre el páncreas, que está del lado medio izquierdo del estómago

Problemas en los Ojos	Una sensación sobre uno o ambos ojos
Problemas femeninos	Sensación en el hueso púbico
Problemas glandulares (Hipófisis, Tiroides, etc.)	Sensación en la parte frontal del cuello
Problema en la Ingle	Sensación sobre el área de la ingle (Nota: también puede indicar un espíritu de abuso sexual, Jezabel, diosa femenina, etc.)
Hemorroides	Sensación en el recto
Problemas del Corazón	Sensación alrededor del corazón
Problemas del tobillo	Sensación en su talón; y si el Aquiles, una sensación en el talón de Aquiles
Problemas del oído interno (Vértigo, Infección, Tinnitus, etc.)	Dolor punzante intermitente en el oído
Problemas Ortopédicos (Cadera, Mandíbula, Rodilla, Cuello, Costillas, etc.)	Sensación en la parte afectada del cuerpo
Páncreas	Sensación en el lado izquierdo de la espalda
Problemas de la garganta (Infección, cáncer, Etc.)	Sensación en la garganta
Problemas de la piel (Eczema, Urticaria, Soriasis, etc.)	Picazón en el área afectada

www.ingramcontent.com/pod-product-compliance
Lightning Source LLC
Chambersburg PA
CBHW031647040426
42453CB00006B/239